Frank Mangelsdorf (Hg.)

EINST UND JETZT
SACHSEN-ANHALT

Texte: Hanne Bahra

EDITION
SACHSEN-ANHALT

ISBN 978-3-941092-74-7

Die Deutsche Nationalbibliothek verzeichnet diese Publikation
in der Deutschen Nationalbibliografie; detaillierte bibliografische
Daten sind im Internet über http://dnb.d-nb.de abrufbar.

CULTURCON medien
Bernd Oeljeschläger

Choriner Straße 1, 10119 Berlin
Telefon 030/34398440, Telefax 030/34398442

Ottostraße 5, 27793 Wildeshausen
Telefon 04431/9559878, Telefax 04431/9559879

www.culturcon.de

Redaktion: MOZ-Redaktion GmbH
Andreas Oppermann (Projektleitung), Gitta Dietrich (Redaktion)
Gestaltung: Katja Gusovius, Berlin
Druck: Silber Druck OHG, Niestetal
Berlin/Wildeshausen 2011

Mit freundlicher Unterstützung von:

Sachsen-Anhalt war noch vor gut 20 Jahren ein Grenzland – inzwischen ist es in die Mitte Deutschlands gerückt. Das Bindestrich-Land mit seiner traditionsreichen Kulturlandschaft überrascht mit seiner Vielfalt. Neuerungen und Umbrüche prägen seine Geschichte und hinterließen Spuren weit über die Region hinaus. So wurde etwa im Jahre 919 in Quedlinburg mit der Königswahl Heinrichs I. die Basis für das Deutsche Reich gelegt. 1517 begann in Wittenberg die Reformation.

Große Geister – Frauen wie Männer – beeinflussten mit ihrem aufklärerischem Werk die Welt: die Reformatoren Martin Luther und Philipp Melanchthon, die Prinzessin von Anhalt-Zerbst, die als russische Zarin Katharina die Große die Geschicke eines Weltreiches in die Hand nahm, Fürst Leopold III. Friedrich Franz von Anhalt-Dessau, der Schöpfer des Wörlitzer Gartenreiches, der Bauhausdirektor Walter Gropius oder auch der geniale Flugzeugkonstrukteur Hugo Junkers.

Sachsen-Anhalt hat sich in den zurückliegenden Jahren aus schwierigen Phasen herausgearbeitet und an vielen Orten auch aus belastetem Erbe einen Nutzen ganz besonderer Art gezogen. Beispielsweise in und um Bitterfeld, wo eine ganze Region zum Sinnbild für den Frevel an der Umwelt geworden war und wo inzwischen wieder grüne Naherholungsgebiete Menschen von überall her anlocken. Mensch, Natur und Industrie gehen in diesem Landstrich zwischen Altmark und Harz überraschende Wechselwirkungen ein. Auf den folgenden Seiten können Sie sich davon überzeugen.

Frank Mangelsdorf
Chefredakteur der Märkischen Oderzeitung

VORWORT

Liebe Leserinnen und Leser,

ältere Menschen wissen aus eigenem Erleben, wie sehr sich unsere Heimat innerhalb eines Menschenlebens verändert hat. Im Idealfall haben sie noch Fotos, die sie ihren Kindern und Enkeln zeigen können. Krieg, DDR-Zeit und Neugestaltung nach der Wende haben das Gesicht von Dörfern und Städten deutlich verändert.

Jetzt ist ein Buch entstanden, das uns anhand von Bildern vor Augen führt, was sich in unserem Bundesland seit der Wende getan hat. Ich begrüße das, denn vieles Vergangene haben wir selbst in dem relativ überschaubaren Zeitraum von gut 20 Jahren nicht mehr in Erinnerung. Junge Erwachsene haben Sachsen-Anhalt vor der Wende überhaupt nicht mehr erlebt. Die Älteren wissen, wie schlecht es meist um den Erhalt der Bausubstanz in den Innenstädten der DDR stand. Heute erstrahlt Altes wieder in neuem Glanz. Vieles hat sich einfach ge- und manches auch verwandelt. Die Menschen entdecken ihre Städte neu und entwickeln ein neues Heimatgefühl.

Das betrifft auch unser reiches kulturelles Erbe: Schlösser, Burgen, Kirchen, Gärten wurden liebevoll saniert. Es gab zwar auch in der DDR-Zeit einen rührigen Denkmalschutz, aber es war dennoch viel zu tun. Und es hat sich gelohnt: Sachsen-Anhalt verfügt heute über vier UNESCO-Weltkulturerbestätten und ein Weltnaturerbe. Für ein so kleines Land ist das einzigartig und darauf können wir stolz sein.

Auch die Wirtschaft unserer Region hat sich tiefgreifend gewandelt. Marode Betriebe und Kombinate sind einer modernen mittelständischen Unternehmenslandschaft gewichen, die kontinuierlich an Wettbewerbs- und Innovationskraft gewonnen hat. Viele nationale und internationale Investoren haben sich bei uns engagiert und zahlreiche Arbeitsplätze geschaffen. Die Unternehmen des Landes profitieren von sanierten und neu gebauten Verkehrswegen und sind für die Herausforderungen der Zukunft gut gerüstet.

So vielfältig unser Land ist, so vielfältig sind die Bilder dieses Buches. Nehmen Sie sich Zeit beim Durchstöbern. Es lohnt sich!

Dr. Reiner Haseloff
Ministerpräsident des Landes Sachsen-Anhalt

Zwanzig Jahre nach seiner Wiedergründung im Jahre 1990 stellt sich das Land Sachsen-Anhalt als ein normales Bundesland der Bundesrepublik Deutschland dar. Eine moderne Infrastruktur, zumeist freundliche, gut hergerichtete Städte und Dörfer, neue oder sanierte Betriebe, eine moderne und leistungsfähige Landwirtschaft, florierender Handel, gute Universitäten und Hochschulen, eine zumeist intakte Natur und anderes mehr vermitteln den Eindruck eines lebenswerten und aufstrebenden Landes.

Probleme gibt es mindestens beim zweiten Hinsehen auch genug. Die Abwanderung von Menschen ist am Leerstand von Wohnungen zu erkennen, es gibt Dörfer und Stadtteile, in denen mehr alte als junge Menschen leben. Die zahlreichen neuen Arbeitsplätze reichen immer noch nicht aus.

Doch die mehr als Jahrzehnte an Sachsen-Anhalt haftende „rote Laterne" ist auch hinsichtlich der Arbeitslosenstatistik weitergegeben. Insgesamt überwiegt ein sichtbar gelungenes Aufbauwerk, eine „historisch" zu nennende Modernisierung ist seit 1990 über das Land gekommen. Wenn man Umfragen und Statistiken heranzieht, identifizieren sich die weitaus meisten der hier lebenden Menschen mit dem Land und leben gern hier.

1990 bei Wiedergründung des Landes war das noch anders. Im Unterschied zu den Nachbarländern Sachsen, Thüringen und Brandenburg gab es keinen breiten Drang im Lande zur Neugründung Sachsen-Anhalts. Während der friedlichen Revolution in der DDR im Herbst 1989 wurde hier auch gegen den Zentralismus der DDR bzw. der SED-Herrschaft protestiert und die Aufwertung der Regionen verlangt. Auch der Gedanke, föderale Strukturen gegen den Zentralismus zu setzen, war populär, doch die Wiedergründung von Sachsen-Anhalt gehörte kaum zu den Forderungen der Revolution.

Dem Land, welches 1990 ins Leben trat, haftete der Geschmack eines „Restlandes" oder eines „künstlichen Gebildes" an. Für Anhalt, einem der ältesten und traditionsreichsten deutschen Länder, traf das jedoch nicht zu. Aber Anhalt war relativ klein und konnte das Traditionsdefizit nicht allein füllen. So verdankte das Land seine Wiedergründung eher dafür günstigen Umständen der deutschen Wiedervereinigung von 1990 als machtvollen Forderungen der Volksbewegung.

Im Herbst 1989 ging im Zusammenhang mit der Friedlichen Revolution in der DDR vor allem von Sachsen die Idee der Wiedergründung der Länder aus. Dabei kam der Gedanke auf, die 1952 aufgelösten Länder wieder ins Leben zu rufen. Im späteren Sachsen-Anhalt gab es in grenznahen Gebieten Bestrebungen, sich Niedersachsen oder den entstehenden Ländern Brandenburg, Thüringen und Sachsen anzuschließen. In denjenigen Gebieten, die bis 1952 zwar zu Sachsen-Anhalt gehörten, aber danach nicht zu den Bezirken Magdeburg oder Halle, konnten sich nur wenige Menschen für Sachsen-Anhalt begeistern. Bei Volksbefragungen fand sich nur im Kreis Jessen (Bezirk Cottbus) eine Mehrheit für Sachsen-Anhalt. Um den Jahreswechsel 1989/90 zeichneten sich die Reföderalisierung der DDR und auch die Wiedergründung von Sachsen-Anhalt ab. Am 28. Januar 1990 sprach der niedersächsische Ministerpräsident Ernst Albrecht in Magdeburg in der überfüllten Stadthalle zum Thema „Sachsen-Anhalt und Niedersachsen. Partner in Deutschland". In Halle breitete sich die Auffassung aus, im Falle einer Wiederbelebung von Sachsen-Anhalt befände man sich von vornherein im Vorteil gegenüber Magdeburg, da Halle bei Auflösung des Landes 1952 Landeshauptstadt war und sah sich somit in der Rolle des politischen, wirtschaftlichen und kulturellen Mittelpunktes einer möglichen Landesbildung. Die alte Rivalität der beiden großen Städte entwickelte sich zu einem ernsten Hindernis auf dem Wege der Landesbildung.

In der früheren anhaltischen Landeshauptstadt Dessau bestand seit Januar 1990 eine Arbeitsgruppe „Länderreform". Diese Arbeitsgruppe setzte sich für Dessau als Landeshauptstadt des künftigen Sachsen-Anhalt ein. Der Vorschlag, der eine beachtliche Zustimmung in Dessau und Anhalt erhielt, stellte

eine echte Alternative zu Halle und Magdeburg dar. Im Unterschied zu Halle und Magdeburg war Dessau bis 1945 Landeshauptstadt eines traditionsreichen deutschen Landes. Die Dessauer Ambitionen gewannen in dem Maße an Gewicht und Aussichten, wie sich die beiden größten Städte Halle und Magdeburg in unfruchtbare Auseinandersetzungen verstrickten. Bis Anfang 1990 nahm die Bevölkerung der beiden Bezirke Halle und Magdeburg kaum Anteil an der Debatte um die Landesgründung und die Hauptstadtfrage im künftigen Sachsen-Anhalt. Anfang 1990 verfügte nur ein kleiner Teil der in den Bezirken Halle und Magdeburg lebenden Menschen über eine Vorstellung vom Land Sachsen-Anhalt.

Die seit Januar 1990 eskalierenden Auseinandersetzungen in der Frage der künftigen Landeshauptstadt von Sachsen-Anhalt überlagerten eine Diskussion darüber, dass zu diesem Zeitpunkt keineswegs fest stand, dass es das Land Sachsen-Anhalt überhaupt wieder geben werde. Die Anzeichen dafür standen sogar eher schlecht, da es in der einschlägigen Debatte sowohl in der DDR als auch in der Bundesrepublik mehrheitlich die Überzeugung gab, dass die Wiedergründung Sachsen-Anhalts nicht sinnvoll sei. Das aber wurde von den handelnden Persönlichkeiten dieser Zeit in Sachsen-Anhalt kaum oder gar nicht zur Kenntnis genommen.

Sachsen-Anhalt hat unter den Ländern, die im Ergebnis der Friedlichen Revolution in der DDR und der deutschen Wiedervereinigung 1990 wieder ins Leben getreten sind, vielleicht die komplizierteste Entwicklung genommen. Die kurze Zeit seiner Existenz zwischen 1945 bzw. 1947 und 1952 hatte keine tiefen Spuren hinterlassen. Dennoch erwies sich angesichts der konkreten Umstände der Wiederherstellung der deutschen Einheit im Jahre 1990, dass schließlich genügend Substanz und politischer Wille für eine erneute Landesgründung als Bundesland der Bundesrepublik Deutschland vorhanden war. Schließlich griff im Frühjahr und Sommer 1990 der Gedanke der Wiedergründung Sachsen-Anhalts auf größer werdende Teile der Bevölkerung der Bezirke Halle und Magdeburg über.

Sachsen-Anhalt sah sich nach seiner Wiedergründung im Jahre 1990 neben Hoffnungen und Erwartungen an eine neue Zeit zunächst mit Problemen konfrontiert, die mit den Besonderheiten seiner Entwicklung zu tun hatten. Bereits vor dem Ersten Weltkrieg und dann noch gesteigert bis in die Zeit der Aufrüstung der NS-Diktatur entfaltete sich im Raum des späteren Sachsen-Anhalt eine Hochtechnologiezone mit den Schwerpunkten Großchemie, Elektroenergieerzeugung, Maschinenbau und zunehmend der modernen Luftfahrt. Nirgendwo in Deutschland war die Tendenz zu großindustriellen Einheiten stärker ausgeprägt als an der Mittelelbe. Das alles war mit erheblichen Zuwanderungsbewegungen verbunden, weil hier vor allem junge und bewegliche Menschen leicht Arbeit und Brot fanden. Diese Wirtschaftsstruktur wurde zwar durch die Katastrophe des NS-Regimes und des von ihm ausgelösten Zweiten Weltkrieges sowie danach unter den Bedingungen sowjetischer Besatzung und später der DDR erheblich deformiert – ganze hochtechnologische Industriezweige wie die Luftfahrt verschwanden völlig – doch es wurde ein erheblicher Teil der einst hochmodernen Großindustrie unter den Bedingungen der Sowjetischen Besatzungszone (SBZ) bzw. der DDR fortgeführt. Damit blieben auch sehr hohe Beschäftigungszahlen erhalten. Unter den Bedingungen der DDR-Wirtschaft verfielen die meisten Betriebe. Schließlich bestanden aufs Ganze gesehen in Sachsen-Anhalt besonders viele marode große Industrieeinheiten. Wie in Bitterfeld und Wolfen war das oft mit dramatischen Umweltzerstörungen und schweren Folgen für Mensch und Natur verbunden. Die Region Bitterfeld galt am Ende der DDR als schmutzigste Region Europas. Der einsetzende wirtschaftliche und ökologische Strukturwandel hinterließ tiefe Spuren, darunter eine besonders hohe Arbeitslosigkeit. Gleichzeitig begann eine Zeit des Aufbruchs des Neu- und Umbaus, die durch viele Aufnahmen des vorliegenden Buches sichtbar wird.

Den in vieler Hinsicht schlechten Startbedingungen des wieder ins Leben tretenden Sachsen-Anhalt standen außerordentlich bedeutende historische Traditionen der älteren und jüngeren Geschichte gegenüber.

Das Land war als Bundesland der Bundesrepublik Deutschland „neu", als Geschichtslandschaft gehörte der Raum an Mittelelbe, unterer Saale und Harz aber zu den traditionsreichsten der deutschen Geschichte. Sachsen-Anhalt verfügt daher über eine besondere Konzentration historischer Stätten aus allen Epochen der Geschichte. In den letzten Jahren sind sogar noch weitere Funde und Entdeckungen hinzugekommen, die diesen Befund noch verstärken. Das aber hat in der langen Zeit der SBZ bzw. DDR keine größere Rolle gespielt und war den meisten Bewohnern Sachsen-Anhalts kaum geläufig. Die historischen Stätten befanden sich insgesamt in einem schlechten bis miserablen Zustand. Daran änderten auch die Versuche nichts, die sich gegen den endgültigen Verfall von wenigstens einigen herausragenden historischen Stätten oder kulturellen Zeugnissen stemmten. Die Städte und Gemeinden verfielen, darunter kulturgeschichtlich einmalige wie Quedlinburg oder auch die Großstadt Halle. Halle war als eine Ausnahme unter den deutschen Großstädten im Zweiten Weltkrieg kaum zerstört worden. Durch die fehlende oder mangelnde Erhaltung der Stadt in der DDR-Zeit war sie in einen besonders schlechten Zustand geraten. Die andere Großstadt Magdeburg war nach dem Zweiten Weltkrieg nicht wieder vollständig aufgebaut worden. Andere Städte waren bis zur Unkenntlichkeit deformiert und vernachlässigt worden, weitere schienen dem endgültigen Verfall entgegen zu taumeln. Dem gegenüber standen auch meist unvollkommene Versuche, Städte wie Wernigerode oder die Lutherstädte Wittenberg und Eisleben zu erhalten. Vor allem die Denkmalpflege bemühte sich, mit begrenzten Möglichkeiten, wenigstens punktuell Bauwerke wie die Dome in Magdeburg, Naumburg, Halberstadt, Merseburg und Havelberg oder das Kloster Jerichow zu erhalten. In Wiederstedt bei Hettstedt vermochte eine Initiative der Bürger sogar, das berühmte Novalis-Schloss vor dem Untergang zu retten. Zwar wurden in der Endzeit der DDR nicht mehr wie in ihren frühen Jahren aus ideologischen Gründen historische Stätten beseitigt, wie es mit dem Herrenhaus der Bismarcks in Schönhausen im Jahre 1958 geschehen ist, doch war der allgemeine Eindruck von Niedergang und Verfall unübersehbar.

In den vergangenen mehr als 20 Jahren konnte auch in Sachsen-Anhalt diese Tendenz umgekehrt werden. Die historischen Stätten sind fast alle in einen guten Zustand versetzt worden. Für viele kam die Rettung vor dem endgültigen Zerfall gewissermaßen in letzter Minute. Vielfältige Mittel des Landes, des Bundes, der Europäischen Union und privater Initiativen verwandelten das Land in historisch kurzer Zeit. Die historische Altstadt Quedlinburg, die Lutherstätten Wittenberg und Eisleben, das Dessau-Wörlitzer Gartenreich und das Bauhaus in Dessau sind in die Liste des Weltkulturerbes aufgenommen. Kein anderes Bundesland verfügt über eine solche Zahl. Dazu beigetragen haben auch Projekte wie die „Straße der Romanik", die erfolgreich große Geschichte mit modernem Tourismus verbindet.

Sachsen-Anhalts Entwicklung nach seiner Wiedergründung verlief keineswegs problemlos. War schon der Landesbildungsprozess schwierig und mit massiver Hilfe der demokratisch gewählten DDR-Regierung sowie der Unterstützung der Bundesregierung und des Landes Niedersachsen erfolgt, erschütterten bereits nach kurzer Zeit politische Krisen und Skandale das Land. Wegen der schwierigen politischen und wirtschaftlichen Umgestaltungsprozesse kam eine „Rote-Laternen-Mentalität" auf, was sich nicht nur an der anhaltenden hohen Arbeitslosigkeit zeigte. Es hat in Sachsen-Anhalt länger als anderswo gedauert, bis sich eine Landesidentität herauszubilden begann. Am 14. Oktober 1990 fanden die Landtagswahlen zum konstituierenden Landtag von Sachsen-Anhalt statt, in deren Ergebnis eine CDU/FDP-Koalitionsregierung entstand. Der Landtag kam zu seiner konstituierenden Sitzung am 28. Oktober 1990 in Dessau in der Johann-Philipp-Becker-Kaserne der Bundeswehr zusammen. Der Landtag entschied während seiner ersten Sitzung am 28. Oktober 1990 die offene Frage der Landeshauptstadt zugunsten der Stadt Magdeburg. Die Abgeordneten wählten in der ersten Sitzung Dr. Gerd Gies (CDU) zum Ministerpräsidenten. Gies war damit nach Erhard Hübener (LDP) und Werner Bruschke (SED) der dritte Ministerpräsident Sach-

sen-Anhalts. Doch dieser Regierung war keine lange Amtszeit beschieden. Bereits am 4. Juli 1991 trat Ministerpräsident Dr. Gerd Gies zurück. Nachfolger wurde der bisherige Finanzminister Prof. Dr. Werner Münch, der eine umgebildete CDU/FDP-Koalitionsregierung leitete.

Der Landtag hatte eine Flut von Aufgaben vor sich, da die gesamten legislativen Grundlagen des Landes Sachsen-Anhalt auszuarbeiten und in Kraft zu setzen waren. Zu den wichtigsten und dringendsten Aufgaben gehörte die Ausarbeitung und Verabschiedung der Landesverfassung. Die neue Landesverfassung trat mit dem 17. Juli 1992 in Kraft. Sie war damit nach Sachsen und Brandenburg die dritte Verfassung, die in den neuen Bundesländern gegeben wurde.

Auch der Regierung Münch war keine lange Amtszeit beschieden. Sie zerbrach bereits im November 1993 nach einem vermeintlichen Finanzskandal. Bis zum Ende der Legislaturperiode trat abermals eine neue bzw. umgebildete Regierung unter Dr. Christoph Bergner (CDU) ins Amt. Durch solche Entwicklungen erwarb sich Sachsen-Anhalt den Ruf eines krisengeschüttelten Landes, zumal sich in dieser Zeit auch tiefgreifende Veränderungen der wirtschaftlichen und sozialen Umgestaltung des Landes erfolgten, von denen viele Menschen betroffen worden sind.

Die Landtagswahlen vom 26. Juni 1994 bewirkten tiefgreifende Veränderungen der politischen Landschaft. Zwar blieb die CDU bei erheblichen Verlusten stärkste Partei, doch die SPD bildete mit Bündnis90/Grüne eine Minderheitsregierung, die von der PDS toleriert wurde. Ministerpräsident Dr. Reinhard Höppner (SPD) versuchte eine neue Art von Landespolitik, die als „Magdeburger Modell" in der Bundesrepublik Deutschland heftig und kontrovers diskutiert worden ist. Doch die Minderheitsregierung sah sich nicht nur mit politischer Kritik, sondern auch mit einem fortschreitenden und folgenreichen wirtschaftlichen Strukturwandel konfrontiert. Dennoch konnte sich die regierende SPD bei den Landtagswahlen des Jahres 1998 als stärkste Partei durchsetzen. Die politische Sensation dieser Wahl war vor allem der Einzug der Deutschen Volksunion (DVU) mit 12,9 % der Stimmen, die bislang in Sachsen-Anhalt kaum in Erscheinung getreten war. Die CDU verlor dramatisch an Stimmen und der bisherige Koalitionspartner der SPD, Bündnis 90/Grüne, scheiterte an der 5 %-Hürde. Nun bildete die SPD abermals eine Minderheitsregierung, die von der PDS toleriert wurde. Derartige Erscheinungen und die Fortdauer einer Minderheitsregierung verfestigten den Ruf Sachsen-Anhalts als Problemland unter den deutschen Bundesländern.

Von dem problematischen öffentlichen Erscheinungsbild Sachsen-Anhalts wurde verdeckt, dass die marode Infrastruktur gründlich modernisiert wurde, die Städte und die meisten Dörfer aufblühten, dass deutlich mehr an Aufbauleistung gelungen als gescheitert war, dass eine zunehmende Identifizierung der Bevölkerung in Sachsen-Anhalt mit dem Land eintrat und dass dabei auch die eigene Geschichte und eigene Traditionen wieder entdeckt worden sind. Zu den gelungenen Umgestaltungen gehörte auch die der Region Bitterfeld. 1998 erreichte beispielsweise die Stadt Bitterfeld Umweltwerte, die höchsten Ansprüchen genügten. Zu dieser Zeit waren auch bereits die giftigen Schaumkronen auf der Saale bei Bernburg verschwunden und gesunde Fische eroberten den Fluss zurück.

Mit Unterstützung der Bundesregierung und der Europäischen Union gelang der Erhalt traditioneller Industriestandorte der Großchemie in Leuna, Buna oder Bitterfeld. Andere arbeitskräfteintensive Zweige wie der Maschinenbau in und um Magdeburg erlitten dagegen noch größere Einbußen. Der Waggonbau in Dessau und schließlich auch in Halle kam fast vollständig zum Erliegen. Doch in den traditionellen Industriestandorten und anderswo wuchsen allmählich neue Industrien, darunter gänzlich neue wie die Solarindustrie. Merkwürdig wenig bekannt wurde in- und außerhalb Sachsen-Anhalts die Erfolgsgeschichte der Landwirtschaft auf den traditionell hervorragenden Böden der Magdeburger Börde und des Vorharzes. Dort bildeten sich Betriebe, die zu den führenden der deutschen und europäischen Landwirtschaft gehören. Mit der Landwirtschaft verbunden sind Saatzuchtbetriebe, wissenschaftliche Einrichtungen und Institute sowie eine Lebensmittelindustrie, welche die wiedergewonnene Führungsposition dieses mitteldeutschen Landwirtschaftszentrums in Deutschland und Europa repräsentieren.

Ambivalent zeigte sich der Neuaufbau der Verkehrswege des Landes in der deutschen und europäischen Mitte. Die Verkehrswege waren fast alle verschlissen und repräsentierten oft noch den technischen Stand der ersten Hälfte des 20. Jahrhunderts. Die Straßen und Autobahnen wurden modernisiert, neue, wie die lebenswichtige A 14, kamen hinzu. Auch die Eisenbahnverbindungen sind erneuert worden. Doch wichtige Strecken durchqueren Sachsen-Anhalt lediglich wie im Falle der Schnellverbindung Hannover – Berlin. Am Flugverkehr hat Sachsen-Anhalt einen nur geringen Anteil. Der Flugplatz der Stadt Halle in Schkeuditz kam nach 1990 zu Sachsen. Als Flughafen Leipzig/Halle hat er immer noch eine große Bedeutung auch für Sachsen-Anhalt. Doch das Land konnte an die frühere Stellung als „Wiege der modernen Luftfahrt" zu Zeiten von Hugo Junkers in Dessau nicht annähernd anknüpfen. Dagegen konnte eine der spektakulärsten Verkehrsbauten des 20. Jahrhunderts mit der Überquerung der Elbe durch den Mittellandkanal nördlich von Magdeburg abgeschlossen werden.

Um die Jahrhundertwende trat eine zunehmende Stabilisierung der Entwicklung Sachsen-Anhalts ein. Die verbreitete „Schlusslichtmentalität" begann einer neuen Aufbruchsstimmung zu weichen. Das zeigte sich politisch bei den Landtagswahlen 2002, wo die Wähler mit ihrem Votum nach zwei Minderheitsregierungen klare Mehrheiten herbeiführten. Die neue CDU/FDP-Regierung wurde von dem Arzt Prof. Dr. Wolfgang Böhmer (CDU) geführt. Die DVU verschwand in der Bedeutungslosigkeit. In den folgenden zwei Wahlperioden verlief die politische Entwicklung ohne große Eruptionen und Skandale. Wirtschaft, soziale Lage und Kultur erlebten einen Aufschwung und prägten eigene Konturen aus. Das Land erlebte eine Phase der Konsolidierung auch vor dem Hintergrund einer guten gesamtdeutschen Entwicklung. Die Landesregierung unter Ministerpräsident Böhmer – ab 2006 in Koalition mit der SPD – vermied polarisierende politische Experimente und wirkte integrierend auf die Landesentwicklung.

Dass Sachsen-Anhalt im Jahre 2011 als ein Bundesland wie andere auch in Deutschland erscheint, weist auf eine gewaltige und bemerkenswerte Entwicklung seit der friedlichen Revolution 1989/90 in der DDR und der wiedergewonnenen deutschen Einheit im Jahre 1990 hin.

Prof. Dr. Mathias Tullner
Otto-von-Guericke-Universität Magdeburg

Einführung von Frank Mangelsdorf
Chefredakteur der Märkischen Oderzeitung

Vorwort von Dr. Reiner Haseloff
Ministerpräsident Land Sachsen-Anhalt

Einführung von Prof. Dr. Mathias Tullner
Otto-von-Guericke-Universität Magdeburg

INHALT

Bis in die 1960er Jahre war Niedergörne bei Arneburg ein stilles Straßendorf, direkt an der Elbe, mit 120 Einwohnern, viel Vieh und reparaturbedürftigen Gehöften. Doch dann beschloss man, in dem dünnbesiedelten Flecken das größte Kernkraftwerk der DDR zu errichten. Die Bewohner von Niedergörne wurden umgesiedelt, die Häuser und die mittelalterliche Dorfkirche abgerissen. Ab 1988 ragten 150 Meter hohe Kühltürme in den Himmel der östlichen Altmark. Drei Jahre später wurde die Baustelle, in die bisher 5,8 Milliarden Mark investiert worden waren, stillgelegt. Aus der größten Industriebaustelle Ostdeutschlands wurde eine 650 Hektar große Industriebrache, aus der sich nun ein konventioneller Kraftwerkstandort sowie ein Industrie- und Gewerbepark entwickeln sollte. Wichtiger Partner bei diesem schwierigen Transfomationsprozess war die amerikanisch-kanadische Mercer International Group, die in nur 23 Monaten auf dem ehemaligen Atomkraftwerksgelände Europas größtes und modernstes Zellstoffwerk errichtete. Das rund eine Milliarde Euro teure Werk, mit 275 Mio Euro von der Europäischen Union, dem Bund und dem Land gefördert, zählte zu den größten industriellen Investitionsvorhaben in den neuen Bundesländern. „Ein Leuchtturmprojekt", wie es der damalige Bundeskanzler Gerhard Schröder bei der Grundsteinlegung 2002 nannte. 2004 ging das Werk in Betrieb, das auch in ökologischer Hinsicht eine überragende Rolle spielt. Energie liefert das unternehmenseigene Biomassekraftwerk, das größte Zentraleuropas. Mit einer Leistung von 100 Megawatt erzeugt es den gesamten Eigenbedarf an Strom und speist darüber hinaus große Mengen in das öffentliche Stromnetz ein. Für die Zellstoffgewinnung wird ausschließlich Nadelholz, also heimischer Rohstoff eingesetzt. Auf die Herstellung von 645 000 Tonnen Zellstoff pro Jahr ausgelegt, bietet die Zellstoff Stendal GmbH, die nach wie vor mehrheitlich zur Mercer International Group gehört, rund 600 Arbeitsplätze, für annähernd 1000 weitere Arbeitsplätze im Umfeld setzte sie Impulse.

Kaum eine Stadt Sachsen-Anhalts erwachte derart geschunden aus dem städtebaulichen Koma der DDR-Jahre und keine andere hat derart wagemutig mit den Möglichkeiten eines Neubeginns experimentiert. Als Durchfahrtsort gleich an mehreren Bundesstraßen gelegen, hatte Aschersleben kaum noch einen Ruf zu verlieren – aber viele Einwohner. Von 34 000 Einwohnern im Jahr 1989 wanderten bis 2010 jährlich durchschnittlich rund 500 ab. Jede sechste Wohnung stand leer. Leerstand vor allem entlang der Durchgangsstraße, an der sich die Bundestraßen B 6, B 180 und B 185 kreuzen. Der täglich von 17 000 Autos befahrene Straßengürtel rings um die Altstadt war dreckig und laut. Baulücken klafften zwischen trostlosen Fassaden. Ein abschreckendes Entree hinter dem die architekturhistorisch wertvolle Bausubstanz der Altstadt verborgen blieb – ein großer Imageverlust. Nach dem Motto „Von außen nach innen – Konzentration auf den Kern" wurden in Aschersleben über 1 200 Wohneinheiten abgerissen, vor allem im Plattenbaugebiet. Aber auch die marode Bausubstanz am Rand der Stadt sollte zugunsten des Stadtkerns weichen. „Trotzdem sieht es in Aschersleben nicht nach Abbruch sondern nach Aufbruch aus," konstatierte die Süddeutsche Zeitung. Aschersleben gilt heute als Prototyp einer Stadt, die ihren Schrumpfungsprozess planvoll gestaltet. Die gewonnenen Freiräume im Straßenabschnitt Hinter dem Zoll wurden zu Kunsträumen. Hybridwalls aus soliden haushohen Stahlrahmen, bespannt mit 60 Quadratmeter großen Bildern, Reproduktionen von Gegenwartskünstlern wie dem britischen Maler Christopher Winter, füllen nun die Baulücken der Ortsdurchfahrt. So entstand weltweit die erste DRIVE THRU GALLERY, eine Durchfahrtsgalerie mit wechselnden Ausstellungen, die immerhin nun täglich mindestens 17 000 Besucher – oder besser – Befahrer verbuchen kann. Die Stadt installierte dort, wo bislang niemand mehr gerne mehr hinsehen wollte, wahre Hingucker. Nicht von allen unkritisch betrachtet. Immerhin 400 000 Euro wurden in dieses Projekt der „Internationalen Bauausstellung IBA Stadtumbau 2010" investiert. Doch so gelang es, aus einer Problemzone eine spannende Schnittstelle zwischen Innenstadt und Randbereich zu schaffen.

Aschersleben kann Schule machen. Eine der heraus-ragenden Baustellen des landesweiten Projekts „IBA Stadtumbau 2010" war die Entwicklung der ehema-ligen Industriebrache des Papierverpackungsunter-nehmens „VEB Optima" zum Bildungszentrum Be-stehornpark. Die älteste Stadt Sachsen-Anhalts bot nach der politischen Wende ein trostloses Bild. Wäh-rend unter dem SED-Regime die Häuser innerhalb der alten Stadtmauer vernachlässigt wurden, wuchsen Neubauten am nördlichen Rand. Ganze Straßenzüge der Altstadt wurden abgerissen, dafür drohten der über 1250 Jahre alten Stadt Plattenbauten des Typs WBS 70. 1991 wurde ein 66 Hektar großes Sanie-rungsgebiet für die südliche Altstadt festgelegt. Mit

„Konzentration auf den Kern" gewann Aschersleben Schritt für Schritt wieder an Lebensqualität. Dafür wurden insgesamt 44,6 Mio Euro Fördermittel aus den Programmen „Städtebaulicher Denkmalschutz" und „Stadtsanierung" genutzt. Mit einer Investitions-summe von 16,2 Mio Euro war das „Bildungszentrum Bestehornpark" das größte Hochbauprojekt nach der Wende. Vor rund 150 Jahren gründete hier Heinrich Christian Bestehorn eine Papierwarenfabrik, bald eine der größten des Kontinents. 1945 enteignet, waren in dem neugegründeten volkseigenen Betrieb 1000 Menschen beschäftigt. Übrig blieb ein herunterge-wirtschafteter Industriekoloss mit rußgeschwärzten Mauern und blinden Fenstern. Was Mangelwirtschaft

in der DDR nicht schaffte, das erledigte der 1990 von
der Treuhand eingesetzte West-Investor, der samt
Inventar und Investitionsmittel schnell wieder verschwand. Ab 2007 wurde die riesige Industrieruine
von 1911 im Auftrag der Stadt saniert: Von der Papier-
zur Denkfabrik: In den hohen, hellen Fabrikräumen
wurde Platz für die Klassenzimmer einer Sekundar-
und einer privaten Berufsschule geschaffen. Eine
Kreativwerkstatt im modernen Anbau, dem in das
Grün der Landesgartenschau 2010 gebetteten sogenannten Riegel, steht allen Ascherslebener Schülern
offen. Aschersleben setzt trotz demografischem
Wandel auf ein neues Image als Bildungsstandort.

Seit Jahrhunderten dominiert Schloss Ballenstedt, ein stolzes, dreiflügeliges Wohnschloss, das auf Klosterbauten aus dem 16. Jahrhundert gründet, die Silhouette der kleinen Stadt im Nordharz. Chronisten zufolge wurde in Ballenstedt schon im 6. Jahrhundert von den Vorfahren der Askanier eine Burg errichtet. Der Name Albrecht der Bär, des Begründers des Hauses Anhalt, später der Mark Brandenburg, leuchtet im frühen 12. Jahrhundert aus Ballenstedts Vergangenheit auf. 1765 wurde das Schloss zur Residenz der anhaltischen Fürsten. Von Weitem war dem hohen Haus die spätere Verwahrlosung nicht anzusehen. Doch wer sich 1990 dem Schlossberg näherte, sah zerbrochene Fensterscheiben und bröckelnde Fassaden. Das Kreuzgewölbe in der Krypta war mit Betonpfeilern abgestützt, ramponiertes Parkett und sperrige DDR-Möbel befanden sich in unbewohnten Räumen. Das originale Inventar verschwand schon in den ersten Nachkriegsjahren, in denen Schloss Ballenstedt sowjetisches Lazarett und Landratsamt war. 1949 zog die Ingenieurschule für Forstwirtschaft in das Gebäude. In der mit Zwischenwänden- und decken

versehenen Schlosskirche wurde nun sozialistisches Gedankengut gepredigt. Als 1990 Prinz Eduard von Anhalt versprach, das marode Gemäuer seiner Vorfahren in ein Schlosshotel zu verwandeln, war das leider auch nur ein Märchen. Seit 1991 wieder in kommunalem Besitz, wurde die Schlossanlage zum Kulturzentrum der Stadt saniert. In den Schlossräumen informiert seit 2004 die Dauerausstellung „Die frühen Askanier im Harz" über das Herrscherhaus, das zu den frühesten Dynastien des Mittelalters in Nord- und Mitteldeutschland zählt. Im Schlosspark, dem kunst- und formvollendeten Alterswerk Peter Joseph Lennés (1789–1866), speit der Wasserdrache aus Zink wieder einen 16 Meter hohen Wasserstrahl. Der 29 Hektar große Garten mit einer im Renaissance-Stil angelegten Wasserachse aus fünf Bassins und Fontänen konnte komplett wieder hergestellt werden. Ebenso das Schlosstheater aus dem 18. Jahrhundert, in dem Albert Lortzing seine „Undine" dirigierte. Heute von Gastensemblen genutzt, ist es die älteste bespielte Bühne des Landes Sachsen-Anhalt.

Als Elisabeth und Walter Kremer 1995 das alte Gut in der Magdeburger Börde entdeckten, lag es versteckt hinter hohen Mauern und einem halb verfallenen Portal. Sein Schicksal schien besiegelt. Die jungen Landwirte aus Nordrhein-Westfalen aber sahen die Schönheit der verlebten Fassaden und beschlossen, ein Gebäude nach dem anderen wieder aufzubauen. Mit Erfolg, die alte Kommende ist aus Ruinen wieder auferstanden und das Dorf Bergen hat seine Seele zurückgewonnen. Schon 1272 hatte der Deutsche Orden das Dorf erworben und dort eine Kommende, eine klosterähnliche Niederlassung, gegründet. 300 Jahre später ließ der Ordensverwalter Johann von Lossow den Rittersitz mit Wohnhaus, Kapelle, Pfarrgebäude, Glocken- und Taubenturm zum Wohn- und Amtssitz ausbauen. Ab 1869 wurden auf dem inzwischen privatisierten Gut vor allem Zuckerrüben angebaut und verarbeitet. Die Familien Rabbethge und Giesecke, damals weit über die lokalen Grenzen hinaus bekannt für die Züchtung von Zuckerrübensaatgut und Zuckerproduktion, wurden 1945 von der sowjetischen Besatzungsmacht enteignet. Alsbald dem volkseigenen Gut Seehausen zugeschlagen, überstand die Kommende die DDR-Jahrzehnte nur mit gravierendem Substanzverlust. Große Teile der unteren Hofanlage wurden in den 1980er Jahren abgerissen, dem Rest drohte der Verfall. Elisabeth und Walter Kremer, die im Nachbarort bereits eine Pachthofstelle betrieben, begannen 1999 mit der Restaurierung des Fachwerkensembles samt Komturhaus, Rauchhaus, Kapelle und Glockenturm. Weihnachten 2005 läutete wieder die alte Gutsglocke, die die Kremers im Magazin des Ummendorfer Museums ausfindig machen konnten. Im Winter wurde gebaut, im Sommer hat die Feldarbeit Vorrang, denn schließlich ist der Ackerbaubetrieb die Lebensgrundlage der Kremers. Der Gesamtinvestitionsbedarf allein für die Restaurierung dieses Ensembles, die maßgeblich von der Deutschen Stiftung Denkmalschutz und auch mit Mitteln aus dem Dorferneuerungsprogramm gefördert wurde, belief sich auf 400 000 Euro. Insgesamt flossen in das Anwesen mehr als eine Million Euro.

Die Sodafabrik SOLVAY in Bernburg steht für die Geschichte eines innovativen und industrialisierten, aber auch für die eines zerissenen und wieder zueinanderfindenden Europas. 22 Jahre nachdem der belgische Erfinder und Industrielle Ernest Solvay das Ammoniaksoda-Verfahren hatte patentieren lassen, wurde in Bernburg die erste Tonne Soda produziert. SOLVAY war in allen großen Industrienationen aktiv, Bernburg hatte sich bald zum weltweit größten Sodastandort entwickelt. 1939 setzten die Nationalsozialisten durch Zwangsverwaltung dieser Erfolgsgeschichte zunächst ein Ende. Ab 1945 folgten Besetzung, Demontage, Wiederaufbau und erneute Zwangsverwaltung. Die Sowjets ließen einen Großteil der maschinellen Anlagen und Apparate in 100 Zugladungen abtransportieren. Leitende Angestellte, die sich dagegen auflehnten, wurden 1950 in einem Schauprozess unter Leitung der berüchtigten DDR-Justizministerin Hilde Benjamin zu langjährigen Haftstrafen verurteilt. 1952 begann die Produktion der VEB Sodawerke „Karl Marx", die 1965 als VEB Vereinigte Sodawerke Bernburg-Staßfurt an das Chemiekombinat Bitterfeld angeschlossen wurden. Mit der Wiedervereinigung Deutschlands konnte das Bernburger Soda-Werk in die Muttergesellschaft rückübertragen werden. Seitdem wurde der Bernburger Standort mit einem Investitionsvolumen von rund 600 Mio Euro umfassend modernisiert und erweitert. SOLVAY zählt in Sachsen-Anhalt zu den größten Investoren der Chemie-Industrie. Bei der Herstellung von Soda (das unter anderem für die Herstellung von Glas, Waschmittel, in chemischen Prozessen und der Metallverar-

beitung benötigt wird) sowie von Natriumbicarbonat und Wasserstoffperoxid zählt die SOLVAY-Gruppe zu den Weltmarktführern. 400 Menschen beschäftigt das Werk, bei einer Ausbildungsquote von mehr als zehn Prozent. Darüber hinaus bietet das SOLVAY Gelände als 43 Hektar großer Industriepark rund 500 Menschen Arbeit.

Bernburg   Das Schloß

Das Bernburger Schloss ist das vollständig erhaltene Residenz- und Wohnschloss der Fürsten und späteren Herzöge von Anhalt Bernburg. Stolz erhebt sich die „Krone Anhalts" auf einem Fels über „der Saale hellem Strande". Lange Zeit klang diese berühmte Liedzeile in den Ohren der Bernburger wie pure Ironie. „In Bernburg hatten die Jahrzehnte der mangelnden Baupflege, rücksichtslosen Umweltverschmutzung, mangelnden Anbindung an eine leistungsfähige, überregionale Infrastruktur und eine traditionsverleugnenden und werteverkennenden Stadtplanung deutliche Spuren hinterlassen. Die Zementwerke legten eine weit wahrnehmbare Dunstglocke über die Stadt und puderten die Dächer, die Sodawerke garnierten diese Form der Emission mit widerlichen Gerüchen und die ewig schwelende Müllhalde an der Halleschen Landstraße krönte das Ganze mit einer gewissen Endzeitstimmung", schreibt Holger Köhncke 2011 im Jubiläumsbuch „1050 Jahre Bernburg (Saale) in Anhalt". Im Fluss, einst „eine nur noch aus der Ferne als Fluss wirkende, permanent schäumende Saale, welche den Charme einer offenen Kloake versprühte", spiegelt sich nun wieder klar die Schloss-Silhouette. Die Fabriken wurden modernisiert und seit Mitte der 1990er Jahre wird Bernburgs Altstadt saniert. Auch das über hundert Jahre als Verwaltungssitz genutzte Schloss wird restauriert. Gefördert im Rahmen der Landesinitiative URBAN 21 und aus Fördermitteln der Lotto-Toto-GmbH wurden u.a bereits die gesamte Dachkonstruktion des Langhauses sowie ein Erker auf der Südseite aufwendig restauriert. 2010 konnte die Musikschule in den alten Gefängnisbau des Schlosses (später Internat) wieder einziehen. Er wurde als Projekt der Internationalen Bauausstellung Stadtumbau Sachsen-Anhalt 2010 mit Fördermitteln aus dem Programm Soziale Stadt saniert, ebenso wie das „Osttorhaus" und das „Atelierhaus". Im südlichen Teil der Schlossanlage befindet sich das Museum. Und die Blumenuhr vor dem sanierten Rathaus lässt wieder fröhlich das Lied von der „Saale hellem Strande" erklingen.

Über 300 Fluss-Kilometer durchfließt die Elbe das Land Sachsen-Anhalt. Sie durchzieht weite Auenwiesen und -wälder, berührt Städte und Dörfer und nimmt auf ihrem Weg einige Nebenflüsse auf. Seltenen Pflanzen- und Tierarten gibt sie Lebensraum, auch der im vergangenen Jahrhundert vom Aussterben bedrohte Elbebiber fand hier ideale Überlebensbedingungen. Weltweit existieren über 550 Biosphärenreservate, großflächige Modellregionen für ein harmonisches Zusammenleben von Mensch und Natur. 15 davon gibt es in Deutschland. 1979 wurde das rund 3 850 Hektar große Waldgebiet „Steckby-Lödderitzer Forst", das bereits 1929 Vogel- und Biberschutzgebiet war, als erstes deutsches Biosphärenreservat von der UNESCO anerkannt. 1988 kam mit etwa 142 Hektar die historische Kulturlandschaft Gartenreich

Dessau-Wörlitz hinzu. 1990 erweiterte sich das Schutzgebiet auf insgesamt 43 000 Hektar. Heute schützt das inzwischen auf 125 800 Hektar angewachsene Biosphärenreservat als größter Teil des sich entlang von insgesamt 400 Flusskilometern über fünf Bundesländer erstreckenden Biosphärenreservates Flusslandschaft Elbe eines der letzten naturnahen Stromtäler Mitteleuropas. Eine der Kernzonen des Biosphärenreservates Mittelelbe ist die Insel Matzwerder bei Klieken. 65 Jahre lang war hier zugunsten der Schifffahrt die Flussschlinge „Kurzer Wurf" vom Oberstrom abgetrennt. Damit veränderten sich Strömungsverhältnisse, Gewässerstruktur und Lebensraumqualität für Flora und Fauna. Infolge des EU-Life-Projektes Klieken „Renaturierung von Fluss, Altwasser und Auenwald an der mittleren Elbe" wurde 2001 die Verbindung zwischen Seitenarm und Elbestrom wieder hergestellt. Aus dem fast geschlossenen System eines Stillgewässers wurde ein Fließgewässer. Durch die Anbindung des „Kurzen Wurfes" an die Elbe entstand ein gut 45 Hektar großes Biotop (bei entsprechendem Wasserstand eine Insel) auf der nun ungestört ein typischer Auenwald wachsen kann.

Der Bitterfelder Bogen schlägt eine Brücke zwischen Vergangenheit und Zukunft. Die 28 Meter hohe und 81 Meter lange begehbare Skulptur aus Stahl erinnert an eine große Baggerschaufel aus dem Braunkohlebergbau. Der Bogen wurde vom Frankfurter Bildhauer Claus Bury entworfen und steht auf einer Hochkippe des ehemaligen Tagebaus Goitzsche. Unter ihr liegt ein glasklarer See, auf dem sich Surfer, Segler und Fahrgastschiffe tummeln. Wo der See die Stadt berührt, befindet sich die „Bitterfelder Wasserfront", ein Natur- und Freizeitparadies mit Seepromenade, Hafen und Badesträänden. Das soll Bitterfeld, die dreckigste Ecke Europas sein? Im Jahre 1949 begann südöstlich der Stadt der Aufschluss des Tagebaus Goitzsche. Seitdem wurden 850 Mio Tonnen Erde bewegt, sechs Dörfer dem Erdboden gleichgemacht, Straßen verlegt, ein Fluss umgeleitet und 317 Mio

Tonnen Braunkohle gefördert. Um diese Wunden zu schließen, wurden ab 1991 41 Mio Kubikmeter Abraum bewegt, 104 Kilometer Gleisanlagen zurückgebaut und zahlreiche Tagebaugroßgeräte verschrottet. Mit dem Wasser der Mulde flutete man ein 25 Quadratkilometer großes Gebiet. Das gesamte ehemalige Tagebaugelände von 60 Quadratkilometern wurde im Rahmen der EXPO 2000 zur wahrhaften Kunstlandschaft umgestaltet. Kunst und Landschaft gingen eine fantasievolle Symbiose ein. Die Halbinsel Pouch ist das Kernstück des weltweit größten Landschaftskunstprojektes. Hier findet man „Schwimmende Steine", „Labyrinthe", ein Amphitheater, den „verschwundenen Fluß". Die „Kegel und Haldenhügel" der Franzosen Marc Babarit und Gilles Bruni erheben sich bis zu zwölf Meter über dem Wasserspiegel. Ein ausgedehntes Wander- und Radwegesystem verbindet die Orte der Kunst. Fischadler, Feldhasen und Biber haben sich im Naturschutzgebiet angesiedelt. Eine Insel gehört den Libellen. Die Aussichtsplattform des stählernen Pegelturms an der Seebrücke, das Wahrzeichen des Wandels, bietet in 26 Meter Höhe einen großartigen Ausblick über die neu erfundene Landschaft der Goitzsche.

„Du hast den Farbfilm vergessen…". Als Nina Hagen Mitte der 1970er Jahre den Kultsong auf die Bühne brachte, hatte die Filmfabrik Wolfen, der Stammbetrieb des Fotochemischen Kombinates der DDR, den Anschluss an den Weltmarkt bereits verloren. Die Technik von ORWO (Original Wolfen) war veraltet, die Konkurrenz im Westen groß. Gesamtprivatisierungsversuche nach der Wende scheiterten. 1994 ging das Werk, das einst über 14 000 Menschen beschäftigt hatte, in die Liquidation. Die Zeit des berühmten Wolfener Films, die 1909 mit der Berliner Aktiengesellschaft für Anilinfabrikation (AGFA) begonnen hatte, war zu Ende. Große Teile der Filmfabrik wurden abgerissen. Spuren der großen Geschichte des Wolfener Farbfilms sind noch im Industrie- und Filmmuseum Wolfen zu finden. Nicht weit davon erinnert auch das nach Plänen des Regierungsbaumeisters Adolf Herberger von 1936 bis 1939 vor allem als wissenschaftliches Zentrallaboratorium erbaute Gebäude an die einst größte Film-Fabrikationsstätte Europas. Als diese als Teil der IG Farben 1945 enteignet wurde, besetzten das „Gebäude 041", ein imposanter halbrunder Bau mit großen Fenstern in der Sandsteinfassade, zunächst die Amerikaner, dann die sowjetische Generaldirektion. 1954 folgte die deutsche Werkleitung des „VEB Filmfabrik AGFA Wolfen". Zehn Jahre später wurde aus AGFA „ORWO". Nach der Wende Sitz der Filmfabrik AG, dann der Wolfener Vermögensverwaltung, stand das denkmalgeschützte Gebäude ab 1998 leer. „Als ich das Haus 041 zum ersten Mal sah, stand es wie eine antike Ruine inmitten welken Gestrüpps, die Fenster und Türen waren mit Eisenplatten und Brettern verrammelt", schreibt Monika Maron im „Bitterfelder Bogen". Die Wohnungs- und Baugesellschaft Wolfen mbH erwarb 2008 das Grundstück und investierte 8,1 Mio Euro. Seit Januar 2010 nutzt die Stadtverwaltung Bitterfeld-Wolfen das einstige Gebäude 041 als Rathaus. Der Name ORWO, der einst in großen Buchstaben an der Fassade stand, ist in Bitterfeld-Wolfen mit der ORWO Net GmbH, einem digitalen Fotogroßlabor, immer noch präsent.

Der Aufstieg dieser Region zu einem Chemiezentrum begann bereits 1893, als Walther Rathenau im Auftrag der AEG in Bitterfeld die ersten elektrochemischen Werke gründete. Das Chemiekombinat Bitterfeld-Wolfen entstand 1969 aus dem VEB Elektrochemisches Kombinat Bitterfeld und der Farbenfabrik Wolfen. 18 000 Menschen arbeiteten hier. Luft, Wasser und Boden um Bitterfeld waren extrem belastet, Landschaft und Leute wurden mit geheimer Genehmigung der Regierung bedenkenlos vergiftet. Erst kam die Produktion, dann der Mensch. Das Chemie-Kombinat und die Filmfabrik Wolfen verbreiteten nicht nur Gestank, im Raum Bitterfeld-

Wolfen erkrankten auch mehr Kinder an chronischer Bronchitis und Asthma als anderswo. Die Produktionsanlagen wurden auf Verschleiß gefahren. 1990 war die Hälfte dieser Anlagen rund 50 Jahre alt. Ein massiver Strukturwandel stand an. Nach zehn Jahren relativer Unsicherheit konnte 2001 mit der zweiten Privatisierung durch Jürgen Preiss-Daimler, der auch die Geschäftsführung der P-D ChemiePark Bitterfeld Wolfen GmbH leitet (zu der der ehemalige Wirtschaftsminister des Landes Sachsen-Anhalt, Matthias Gabriel, gehört) ein neues erfolgreiches Kapitel für den Standort aufgeschlagen werden. Die „Herald Tribune" schrieb im Februar 2002: „Bitterfeld to rise

like a Phoenix from the ashes." Rund 1,5 Milliarden Euro wurden in Unternehmen investiert, hinzu kamen etwa 500 Mio Euro für Infrastruktur, Immobilien, Gebäude und Altlastensanierung. Mittlerweile haben sich wieder über 360 Firmen (PV Crystalox und die PD energy seien hier nur als Beispiele genannt) mit über 11 000 Mitarbeitern im ChemiePark Bitterfeld-Wolfen angesiedelt. Er gilt als europaweit beachtetes Musterbeispiel für die Restrukturierung von Chemiestandorten. Es weht ein frischer Wind in Bitterfeld – und in der Mulde, einst ein belasteter Fluss, tummeln sich wieder Fische.

„Gut, dass wir nicht gewusst haben, was da auf uns zukommt", sagt Landeskirchenrat i. R. Wolfgang Siebert, der Vorsitzende der Stiftung St. Georgenhof zu Blankenburg. Das Dach des Georgenhofes, zu DDR-Zeiten mit Betonziegeln eingedeckt, drückte die Hauswände auseinander. Die tragenden Dachbalken hingen frei in der Luft. Längst hatte man die barocke Stuckdecke der Kirche sowie den gesamten Nordostflügel abgerissen und die meisten übrigen Gebäude wegen Baufälligkeit gesperrt. Der Georgenhof, der jahrhundertelang sozialen und kirchlichen Aufgaben gedient hatte, war nun selbst in Not. Seit der entschädigungslosen Enteignung der Stiftung im Jahr 1973 im Besitz des VEB Gebäudewirtschaft, verlor der Georgenhof auch seine Ländereien, vor allem aber

seine schon im Mittelalter begründete Aufgabe als Hospital und Armenhaus. Der staatliche Zugriff, der angeblich den Georgenhof vor dem Verfall schützen sollte, machte aus dem barocken Anwesen fast eine Ruine. 1992 rückübertragen, schätzte der neugebildete Stiftungsvorstand einen Bedarf von 11,5 Mio DM für die Sanierung des Gebäudeensembles. „Mit dem

Mut der Verzweiflung haben wir die Baufirmen so-lange herunter gehandelt, bis das Geld für den ers-ten Bauabschnitt reichte", erinnert sich Wolfgang Siebert. Es ging langsam voran. 2004 rekonstruierte die Landeskirche das Kirchengebäude und baute das frühere Pförtnerhaus zu einem Jugendhaus um. Die Stiftung rekonstruierte nach dem Nordflügel mit Hilfe

der Deutschen Stiftung Denkmalschutz den Südflügel des Georgenhofs, in dem sich nun eine Schuldnerbe-ratungsstelle des Diakonischen Werks Braunschweig, ein Dritte-Welt-Laden, die Begegnungsstätte „Ge-orgsklause" sowie das für die Sanierung zuständige Architekturbüro befinden. 2006 zog das Evangelische Frauenzentrum in das sanierte „Gärtnerhaus". Als Städtebaufördermittel zur Verfügung standen, konn-te der Eigenanteil der Stiftung durch die Bereitschaft der Mieter, die Miete für zehn Jahre im Voraus zu zah-len, realisiert werden. Auch eine opulente Spende und die Unterstützung durch die Stiftung Braunschweigi-scher Kulturbesitz halfen, den Georgenhof zu einem soziokulturellen Zentrum und somit zu einem Hoff-nungssymbol der Region wieder aufzubauen.

Das alte Schützenhaus musste weichen. Anfang der 1950er Jahre hatten es die Burger zum Schul- und Heimatmuseum, später Kreisheimatmuseum, ausgebaut. Man arbeitete sich mit viel Engagement und oft ehrenamtlich durch die Geschichte. Bei dem Kapitel zur „Neuesten Zeit" angelangt, starb Hermann Matern, Mitglied des Politbüros der DDR. Der Beschluss des SED-Zentralkomitees, dem Sohn dieser Stadt, der bis zu seinem Tode auch ein Gremium zur Disziplinierung von SED-Mitgliedern führte, eine „ewige Gedenkstätte" zu errichten, wurde auf dem Platz des Friedens umgesetzt. 1973 entstand anstelle des Schützenhauses ein neues Kulturhaus aus Beton und Glas. Das Kreisheimatmuseum wurde aufgelöst. Dafür bildet nun die Hermann-Matern-Gedenkstätte das Herzstück des Hermann-Matern-Hauses, vor

dem ein Hermann-Matern-Denkmal stand. Zur ersten Kulturveranstaltung sang der Chor des Wachregiments des Ministeriums für Staatssicherheit. Laut Parteiorgan sollte das Haus samt Gedenkstätte ein Ort der staatsbürgerlichen Erziehung sein. Für die Burger aber bedeutete es mit seinen vielen Veranstaltungen von Disco bis Veteranentreff vor allem Abwechslung im tristen DDR-Alltag. Am Tag der deutschen Wiedervereinigung wurde auch im Hermann-Matern-Haus kräftig gefeiert, doch bald standen die Säle und Gasträume leer. 1991 schlossen sich die Türen und das Denkmal wurde abgebaut. Das Hermann-Matern-Haus zerfiel zum Geisterhaus. Erst zehn Jahre später begann der Umbau des einst vierstöckigen Gebäudes zum zweigeschossigen Soziokulturellen Zentrum. Fördermittel aus dem Bundesprogramm „Kultur in den neuen Ländern" halfen bei der Finanzierung des insgesamt 3,8 Mio Euro teuren Umbaus. Am 10. August 2002 konnte die neue Stadthalle eröffnet werden. 4 000 Besucher strömten am Tag der Offenen Tür in das Haus, mit dem Burg nun wieder ein kulturelles Zentrum hat – modern und ideologiefrei.

Im letzten Jahrhundert hat der Ernährungswissen-schaftler Dr. Wilhelm Kraft das Knäckebrot (nach einer schwedischen Erfindung) auf deutsche Früh-stückstische gebracht. Eigentlich war „Knäcka", die skandinavische Brotspezialität, nur eine knusprige Urlaubsbekanntschaft, doch begeistert von deren ernährungsphysiologischen Wert und dem würzigen Geschmack, gründete Kraft 1927 in einer alten Berli-ner Bäckerei die Ersten Deutschen Knäckebrotwerke. Die Nachfrage nach „Krafts Knäckebrot" war groß, sodass schon 1931 in einem neuen Werk mit eigener Mühle die industrielle Fertigung beginnen konnte. Der neue Standort in Burg bei Magdeburg mit direkter An-bindung an den Elbe-Havel-Kanal und umgeben von den Kornfeldern der Magdeburger Börde erwies sich

als optimal. Doch nach 1945 enteignet, fand der Name Kraft nur noch am Rande der Verpackung Erwähnung. Der VEB Erste Deutsche Knäckebrotwerke, ab 1956 VEB Burger Knäcke Werke, brachte schließlich als einziger ostdeutscher Knäckebrothersteller die Mar-ke BURGER Knäcke in die Läden. Doch nach dem Fall der Mauer nahm der Appetit auf ostdeutsche Produk-te bedrohlich ab. Mit der Kampagne „Ein knackiges Stück Heimat" hoffte die Burger Knäcke GmbH alte Kunden zurückzugewinnen. Seit 2001 Familienmit-glied der Brandt Zwieback-Schokoladen GmbH + Co.KG, des Zwiebackmarktführers aus Nordrhein-Westfalen, eroberte sich Burger Knäcke als Marktführer nicht nur die neuen Bundesländer zurück. Heute ist der Stand-ort Burg mit ca. 170 Mitarbeitern, davon 13 Auszu-bildenden, einer der führenden Hersteller von Knä-ckebrot in Europa. Neben Knäckebrot in zahlreichen Varianten zählen Zwieback, Snacks und Bio-Produkte zum Sortiment. Die verschiedenen Knäckesorten wer-den heute wie damals noch traditionell hefefrei geba-cken, auch das Roggenmehl kommt nach wie vor aus der hauseigenen Mühle. BURGER Knäcke exportiert seine Produkte in zahlreiche Länder – darunter die Schweiz, Österreich, Tschechien, Island, Niederlan-de und Dänemark, aber auch Spanien, Portugal und Südafrika. Pro Jahr verlassen ca. 44 Mio Packungen Knäckebrot das Traditionswerk am Elbe-Havel-Kanal.

Fast 60 Jahre lang wurde in der Colbitz-Letzlinger Heide, dem größten zusammenhängenden unbewohnten Gebiet Deutschlands, mit Waffen aller möglichen Kaliber geschossen. 1945 übernahmen sowjetische Truppen den Erprobungsplatz, auf dem Land- und Luftstreitkräfte ihre Manöver abhielten. Ganze Ortschaften mussten weichen. Zwei Mal im Jahr trafen sich zu Waffenbrüderschaftsmanövern bis zu 50 000 Soldaten. 1994 erschreckten „erdbebenartige Erschütterungen" die Anwohner. Die Westgruppe der russischen Streikräfte bereitete mit Sprengungen, die noch im 50 Kilometer entfernten Gorleben die Seismografen ausschlagen ließen, ihren Abzug vor. Zurück blieb ein 100 Meter großer und 20 Meter tiefer Krater, dessen Umfeld mit Granatenblindgängern übersät war. Der gesamte Übungsplatz war mit Fundmunition belastet. Erst im August 2008 konnte die Beräumung der gesamten Fläche des Übungsplatzes soweit abgeschlossen werden, dass die 23 000 Hektar große Fläche wieder begehbar war. Doch noch heute müssen Räumteams die Übungsplatzfläche bereinigen, da Granaten aus alten Zeiten wie Steine auf dem Kartoffelfeld nachzuwachsen scheinen. Heute zählt der Truppenübungsplatz Altmark zu den weltweit modernsten Gefechtsübungszentren. Auf diesem einst zu den größten Truppenübungsplätzen in der ehemaligen DDR zählenden Gelände, auf dem jahrzehntelang in Regiments- und Divisionsgrößen manövriert wurde, übt die Bundeswehr in der Regel bis Bataillonsstärke unter Einsatz modernster Laser- und elektronischer Technik. Dabei wird hauptsächlich der nördliche Teil des Geländes in Anspruch genommen, im Südteil der einst so verwüsteten Landschaft wächst wieder Wald. Aufforstungen werden aber auch in verschiedenen anderen Teilflächen des gesamten Truppenübungsplatzes durchgeführt. Bei allem Vorrang militärischer Aufgaben übernimmt die Bundeswehr hier Verantwortung für Landschafts- und Naturschutz. Ein besonderes Augenmerk gilt der Erhaltung, Vermehrung und Pflege der ausgedehnten Heideflächen. Die Bundeswehr organisiert und begleitet öffentliche Führungen in das Gelände.

Schlossherr zu sein, war schon immer der Traum von Hartmut Lerche. Als er 1997 auf der Straße der Romanik im nördlichen Harzvorland das Wasserschloss Westerburg zum ersten Mal sah, glich dieses allerdings eher einem Alptraum. Grau und zerfallen war es, mit gespenstisch blinden Fensterscheiben. Moos wuchs auf kaputten Dächern. Ratten und Mäuse hausten in verdreckten Räumen. Nur noch eine kleine Kneipe gab Lebenszeichen. Doch der diplomierte Hotelbetriebswirt Hartmut Lerche begann schon im Geiste die heruntergekommenen Räume in Gästezimmer umzuwandeln. Vor allem die kleine Kapelle mit dem barocken Kanzelaltar beflügelte seine Fantasie. Fürstlich schlafen, essen, heiraten in einer von Wällen und Gräben umgebenen Burganlage, deren Anfänge bis ins 8. Jahrhundert zurückreichen, war eine Vision nach seinem Geschmack. 1052 als Schenkung in den

Besitz des Halberstädter Bistums gelangt, gehörte sie bis ins 16. Jahrhundert den Regensteiner Grafen und wurde, nach weiteren Besitzerwechseln, 1802 preußische Staatsdomäne. Über die Jahrhunderte entstand eine reizvolle Anlage, deren ältester Teil der spätromanische 32 Meter hohe Bergfried ist. Nach 1945 als Unterkunft für Vertriebene, dann als Gemeindebüro, LPG-Station, Arztpraxis, Kindergarten, Wohnraum und Stall strapaziert, dämmerte sie ab 1990 leer dem Verfall entgegen. 1999 kaufte die Familie Lerche das Wasserschloss. Mit etlichen Millionen und viel Enthusiasmus packten Silvia und Hartmut Lerche ihr Vorhaben an und gaben, gefördert mit Mitteln der Gemeinschaftsaufgabe „Verbesserung der regionalen Wirtschaftsstruktur" (GRW), die vor allem halfen, die immensen Auflagen des Denkmalschutzes zu erfüllen, dem alten Wasserschloss neuen Glanz. Damit waren mitunter bis zu 140 Bauleute und zwei Architektenbüros beschäftigt. Im Juli 2000 wurde die Wasserburg als First-Class-Superior-Hotel wiedereröffnet. Die 30 neuen Arbeitsplätze haben die Lerches zumeist mit Bewerbern aus der Region besetzt. In der Schlosskapelle können sich Paare trauen lassen.

„Das Werk ist gelungen", konstatierte 2005 der damalige Bundesumweltminister Jürgen Trittin anlässlich der Eröffnung des Umweltbundesamtes in Dessau. Dieser Neubau demonstriere modellhaft architektonisch und ökologisch anspruchsvolles und zugleich wirtschaftliches Bauen. Mit dem Einsatz der damals größten Erdwärmetauscheranlage der Welt und mit anderen energiesparenden Methoden konnte beispielsweise die Energieeinsparverordnung 2005 um gut 30 Prozent unterboten werden. Baumaterialien wurden vorwiegend nach ökologischen Kriterien ausgewählt. Zugleich sollte auch ästhetisch anspruchsvoll, funktional, behindertengerecht und kostengünstig gebaut werden. Das 460 Meter lang geschwungene Hauptgebäude belebt heute eine inhomogene in-nerstädtische Fläche zwischen Gleisanlagen, landschaftlichen Freiräumen sowie Wohn- und Gewerbebauten. Dabei bewältigte das Architektenbüro Sauerbruch & Hutton geschickt die Aufgabe, 780 Büros in einem Gebäude zu integrieren, ohne kafkaeske Anmutung aufkommen zu lassen. Farbe spielt eine wesentliche Rolle. Das Ensemble mit freistehender Kantine, Hörsaal und den beiden sanierten denkmalgeschützten Bauten (Europas größte deutschsprachige Umweltbibliothek verteilt sich dabei auf einen Neu- und einen denkmalgeschützten Altbau) entstand ab 2003 auf einem Grundstück des ehemaligen Gasviertels, von dem um 1855 die Industrialisierung Dessaus ausging. 1991 stillgelegt, mussten Boden und Grundwasser des Geländes gründlich dekontaminiert werden. Das neue Umweltbundesamt in einer Region zu erbauen, die mit ihren gigantischen Industrieanlagen einst zum Synonym für Umweltverschmutzung wurde, ist natürlich auch eine politische Entscheidung. Sie steht symbolhaft für den Strukturwandel dieses Bundeslandes, in dem hemmungsloser technologischer Fortschritt gravierende Spuren hinterlassen hat.

Das Meisterhaus Ensemble, zeitgleich mit dem Bauhausgebäude für den Direktor Walter Gropius und die dort lehrenden Meister Laszlo Moholy-Nagy, Lyonel Feininger, Georg Muche, Oskar Schlemmer, Wassily Kandinsky und Paul Klee errichtet, überstand die beiden Diktaturen voller Blessuren. Das Haus Gropius und die benachbarte Haushälfte von Moholy-Nagy wurden bei einem Bombenangriff zerstört. Die übrigen Gebäude, die auf Betreiben des von der NSDAP beherrschten Dessauer Gemeinderates von den „Bauhäuslern" schon 1932 verlassen waren, erfuhren als „artfremde" Baukörper bauliche Veränderungen. Auch in der folgenden SED-Diktatur entsprachen die Dessauer Meisterhäuser zunächst nicht dem herrschenden architektonischem Leitbild, das sich nun am „Zuckerbäckerstil" der Sowjetunion orientierte. Auf die noch erhaltenen Grundmauern der Villa Gropius wurde Mitte der 1950er Jahre ein Neubau mit Steildach gesetzt. Das Feininger-Haus diente als Poliklinik. Erste Besinnung ab Mitte der 1960er Jahre brachte die Bau-

hausgebäude in den 1970er Jahren zumindest auf die „Liste denkmalwerter Bauwerke der DDR". Während das Bauhaus restauriert wurde, führten die Meisterhäuser aber weiterhin ein Schattendasein. Erst Anfang der 1990er Jahre beauftragte die Stadt Dessau die Restaurierung des ehemaligen Feininger-Wohnhauses, des heutigen Sitzes des Kurt-Weill-Zentrums und damit die Rettung der noch bestehenden Meisterhäuser. Mit Unterstützung durch den Essener Baukonzern HOCHTIEF konnte das Doppelwohnhaus Kandinsky-Klee und durch die Wüstenrot-Stiftung das Doppelwohnhaus Muche-Schlemmer restauriert und der Öffentlichkeit zugänglich gemacht werden. Wieder angelegte historische Wege und Grünflächen vervollkommnen den authentischen Gesamteindruck der Meisterhaussiedlung. Im Haus Kandinsky-Klee sind Werke und Dokumentationen über die beiden Künstler sowie über die Wiederherstellung der Meisterhäuser ausgestellt. Dessaus Innenstadt, im Zweiten Weltkrieg zu 84 Prozent zerstört, ist vor allem vom „sozialistischen" Wiederaufbau geprägt. Seit der friedlichen Revolution 1989 widmet sich Dessau seinem baulichen Erbe der Moderne und bekennt sich zum Status als „Bauhausstadt". 1996 wurden das Bauhaus und die Meisterhäuser als UNESCO-Welterbestätte anerkannt.

tier Wallstraße definiert. Bereits von 1794 bis 1798 entstand hier das Herzogliche Hoftheater. Bei den schweren Luftangriffen von 1944/45 wurde der Theaterbau mit Veranstaltungssälen (inzwischen ein Nachfolgebau aus den 1920er Jahren) beschädigt. Das Vordergebäude brannte vollständig aus, während der dahinter befindliche „Theaterbau" teilweise erhalten blieb und Anfang der 1950er Jahre für ein

Stierblutrot setzt das Kulturzentrum Altes Theater ein Signal zur Revitalisierung der Stadtmitte. Mit dem markanten Gebäude bemüht sich Dessau-Roßlau um eine, in den Jahrzehnten der DDR-Ära verloren gegangene Baukultur. Demografischer und ökonomischer Wandel erforderten auch in Dessau-Roßlau neue Ideen und Konzepte für die Belebung der Stadt, die seit 1989 knapp ein Viertel ihrer Einwohner verloren hatte. Dabei entwickelte sich eine „neue Kultur des Schrumpfens". Aus durch Abriss entstandener Leere sollten Landschafträume und urbane Stadtkerne in Besinnung auf ihre historische räumliche Typologie gestärkt werden – so die Vision der interdisziplinären Planungswerkstatt, in der sich 2004 Vertreter der Stadt, der Stiftung Bauhaus und des IBA-Büros zusammen fanden. Als ein Ort mit Potenzial für ein soziokulturelles Zentrum der Dessauer Innenstadt wurde das Quar-

Energieversorgungsunternehmen wieder hergestellt wurde. Die Ruine des Vordergebäudes, 1966 abgetragen, ersetzte 1973 ein mehrgeschossiges Wohn- und Geschäftshaus. Erste Versuche 1992/93, den „Theaterbau" als Puppenbühne umzunutzen, scheiterten am fehlenden Geld. Von 2006 bis 2008 wurde das ehemalige Alte Theater im Quartier Wallstraße für 4,3 Mio Euro schließlich saniert. Die Gemeinschaftsinitiative URBAN II der Europäischen Union machte es möglich. Durch den Abriss eines Wohnblocks entstand der ebenfalls mit URBAN-Mitteln gestaltete Lily-Herking-Platz. Aus dem Alten Theater wurde ein Kulturzentrum, das nun über drei Etagen einer Puppenbühne, dem Anhaltischen Theater Dessau, freien Gruppen und theaterpädagogischen Aktivitäten viel Spielraum gibt und in Gelb, Rot und Blau an die traditionelle Farbgebung des Bauhauses anknüpft.

„Die Insel verfiel vor unseren Augen", erinnert sich Uwe Quilitzsch von der Kulturstiftung Dessau-Wörlitz. Die Felseninsel „Stein" im Ostteil der Wörlitzer Anlagen ist ein besonders spektakuläres Denkmal im UNESCO-Welterbe „Gartenreich Dessau-Wörlitz". Sie wurde von 1788 bis 1794 am östlichen Ausläufer des Wörlitzer Sees errichtet. Mit architektonischen und gärtnerischen Mitteln, mit Grotten, dem Tempel des Tages, dem Tempel der Nacht, Gängen und Gewölben, einem Freilufttheater, der Villa Hamilton und, als Bekrönung, der Nachbildung des Vulkans „Vesuv", gab Fürst Franz von Anhalt-Dessau den italienischen Reiseimpressionen seiner Grand Tour von 1765 bis 1767 Gestalt. 1983, nach Jahrzehnten der Vernachlässigung, wurde das kompliziert konstruierte Ensemble durch die Bauaufsicht der DDR wegen Einsturzgefahr gesperrt. Im November 1989 organisierte Uwe

Quilitzsch einen ersten Arbeitseinsatz, bei dem Soldaten der Sowjetarmee mit Reisigbesen das Theater reinigten und gegen den Wildwuchs angingen. Das erste Notdach der Villa Hamilton hielt nicht dicht, Stürme zerstörten Anfang der 1990er Jahre die Notüberdachung der Insel. Erst 1999 konnte mit der Finanzierung durch den Bund und das Land Sachsen-Anhalt die Sanierung beginnen. In Vorbereitung der Wiedereröffnung organisierte die Kulturstiftung Dessau-Wörlitz 2004 die internationale und interdisziplinäre Konferenz „Die künstliche Felseninsel ‚Stein'". Ein Jahr darauf waren die komplizierten Restaurierungsarbeiten im Wesentlichen abgeschlossen. Mit einem Vulkanausbruch feierte man 2005 die Wiedergeburt des „Wunderfelsens von Wörlitz". Um die Insel in ihrer Gesamtheit und ursprünglichen Wirkung erneut erlebbar zu machen, widmete man sich anschließend auch den gärtnerischen Anlagen im Umfeld der Insel. Nach historischen Gartenplänen wurden Bäume gepflanzt und Rasenflächen modelliert. 2009 konnten der Tempel des Tages, der Tempel der Nacht, und das Grüne Kabinett der Öffentlichkeit präsentiert werden. Die Römischen Bäder und das Mittlere Zimmer der Villa Hamilton sowie die Außenanlagen wurden 2011 vollendet.

ßen so dramatischen Ereignisses, bereits 1938 aufgestellt, zog auch zu DDR-Zeiten Besucher auf die Burg. Nach 1990 begannen auf der Eckartsburg umfangreiche Baumaßnahmen, die bedingt durch Eigentümerwechsel jedoch immer wieder unterbrochen werden mussten. Nachdem 1996 die heutige Stiftung Dome und Schlösser in Sachsen-Anhalt die Eckartsburg übernommen hatte, wurden über 1,3 Mio Euro in die Sicherung und denkmalgerechte Sanierung investiert. Zunächst wurde der Gaststättenanbau fertiggestellt. Trotz früherer statischer Sicherungsversuche erforderten Risse im Mauerwerk weitere Sanierungsmaßnahmen. Zu Beginn des Jahres 1997 kam es durch Frostschäden zum Absturz von Mauerwerksflächen am zweiten Turm der Eckartsburg. Nur mit Bergsteigern eines Spezialunternehmens konnte die Gefahr gebannt und Instandsetzungsarbeiten erfolgreich ausgeführt werden. In Vorbereitung der 1000-Jahr-Feier 1998 wurde in die Palasruine ein multifunktionaler Baukörper eingebaut, der heute Raum für Ausstellungen, Tagungen und Vorträge sowie für Trauungen bietet.

Seit mehr als 150 Jahren ist die Ruine der Eckartsburg mit ihren romanischen und gotischen Bauformen, vor deren Mauern Johann Wolfgang von Goethe die „Ballade vom getreuen Eckart" niederschrieb, ein beliebtes Ausflugsziel. Die Thüringischen Landgrafen aus dem Geschlecht der Ludowinger, Ludwig III. und vor allem Hermann I., ließen die Burg im 10. Jahrhundert erbauen. Nach dem Tod des letzten Ludowingers wechselte die Feste mehrfach den Besitzer. Ab 1457 war sie schließlich Verbannungsort für die von Herzog Wilhelm III. verstoßene Gemahlin Anna von Österreich. Zunehmend ohne militärische Bedeutung, diente die Burg fortan nur noch als Wohnsitz der Amtmänner, später als Gefängnis und Getreidespeicher. 1806 fielen hier die letzten Schüsse der Schlacht bei Auerstedt. Ein Diorama jenes für Preu-

Falken segeln hoch über dem Falkenstein. Die Burg auf dem Bergsporn, 135 Meter über der Selke, inspiriert zum Vergleich mit einem einsamen, schier unerreichbaren Falkenhorst. Die mittelalterliche Burganlage, auf der heute wieder die alte Kunst der Falknerei betrieben wird, wurde nie eingenommen. Im 12. Jahrhundert errichtet, übertrug der letzte Graf von Falkenstein die Burg im 14. Jahrhundert den Bischöfen von Halberstadt. 1437 übernahm die Familie von der Asseburg den Falkenstein zunächst als Pfand, später als Lehen mit der Auflage, hier umfangreiche bauliche Maßnahmen durchzuführen. Am Ende des 15. Jahrhunderts errichtete man den Südflügel der Kernburg völlig neu, mit einer Burgküche im Erdgeschoss. Nachdem 1946 auf dem Falkenstein ein Museum eröffnet wurde, sollte aus der Küche ein „Besuchereintrittsraum" werden, in dem außer einer Hinweistafel nichts mehr an die historische Nutzung des Raumes erinnerte. Wände und Decke wurden weiß gekalkt, die Wendeltreppe aufgegeben und der Nebenraum zur Museumskasse.

Seit 1996 Eigentum der Stiftung Dome und Schlösser in Sachsen-Anhalt, die bisher über 4,6 Mio Euro für den Erhalt und die denkmalgerechte Nutzung Falkensteins ausgegeben hat, wurden viele Räume aufwendig restauriert und in ihren originalen Zustand zurück versetzt, so der Rittersaal, die Herrenstube, die Burgkapelle, das Königszimmer und auch die Burgküche. Unter fachlicher Anleitung wurden zunächst restauratorische und bauarchäologische Untersuchungen durchgeführt, bei denen man Spuren zweier übereinander liegender mittelalterlicher Feuerstellen fand. Der um 1980 abgetragene Kaminkopf wurde wieder über das Dach geführt, eine massive Herdstelle aufgemauert und die Antrittswendelung der Treppe in das Obergeschoss erneuert. Seit 1998 gibt es nun wieder eine funktionstüchtige Burgküche, die nicht nur zum Burgfest angeheizt wird, sondern auch Ort museumspädagogischer Veranstaltungen und Kulisse zahlreicher Fernsehproduktionen ist.

Es ist eine prickelnde gesamtdeutsche Erfolgsgeschichte. „Jede dritte getrunkene Flasche Sekt stammt aus einer der Rotkäppchen-Kellereien", stellte Der Tagesspiegel 2003 fest. „Rache des Ostens" titelte Der Spiegel. „Ost schluckt West?" fragte DPA. Tatsache ist, dass der Marktanteil dieses Unternehmens am deutschen Sektmarkt inzwischen 46,8 Prozent beträgt (2010). Die Vorgeschichte dieses märchenhaften Rollenwechsels begann bereits im Jahr 1856, als die Brüder Moritz und Julius Kloss gemeinsam mit ihrem Freund Carl Foerster inmitten von Deutschlands nördlichstem Weinanbaugebiet eine Weinhandlung gründeten. 1858 verließen die ersten nach der Original-Champagnermethode hergestellten Flaschen die Kellerei. Rotkäppchen Sekt wurde fortan in allen Lebenslagen getrunken – auch nach Enteignung und Umwandlung des Unternehmens in einen VEB, als Bückware zu Preisen zwischen 17 bis 23 Mark. In den 1960er Jahren galt Rotkäppchen als Musterbetrieb. Am Abend des 9. November 1989 knallten noch laut die Rotkäppchen-Sekt-Korken, dann wurde es still. 1990 brach die Produktion von 15 Mio Flaschen auf 1,8 Mio ein. 1993 übernahm Gunter Heise, seit 1973 technischer Leiter, mit vier Kollegen (Jutta Polomski, Ulrich Wiegel, Lutz Lange, Hans-Jürgen Krieger sowie unter Beteiligung von Harald Eckes-Chantré und seinen beiden Töchtern) den Staatsbetrieb. Es wurde in neue Technik investiert, vorübergehend Arbeitsplätze abgebaut und, da der Großhandel weggebrochen war, der Sekt sogar von den Ladeflächen der Barkas-Lieferwagen und aus den Kofferräumen der „Trabbis" und „Wartburgs" verkauft. Von Jahr zu Jahr verbesserten sich die Absatzzahlen. Mitte 1995 gehörte die Marke Rotkäppchen Sekt zu den zehn meistverkauften in ganz Deutschland. Sieben Jahre nach der Privatisierung übernahm Rotkäppchen mit 50 Mio Flaschen die Marktführerschaft in Deutschland. 2002 kaufte das Unternehmen die traditionsreichen Marken MM Extra, Mumm und Jules Mumm. 2003 folgte die Premium-Sektmarke Geldermann; 2006 die Marke Kloss & Foerster sowie Eckes Spirituosen & Wein GmbH. Mittlerweile ist das Unternehmen der größte gesamtdeutsche Sekthersteller.

Eingebettet in das Unstruttal, umgeben von terrassenartigen Weinbergen und geprägt von einem mittelalterlichen Grundriss, war Freyburg (Unstrut) in DDR-Jahren eine beschauliche Wohnstadt. Ihre Bewohner arbeiteten zumeist in den umliegenden Industriezentren des Chemiedreiecks Leuna-Buna-Bitterfeld, sie fuhren in das Zementwerk Karsdorf oder das Mineralölwerk Lützkendorf. Am Abend kehrten sie nach Freyburg zurück. Ihr Schlaf war jedoch nicht ungestört. Autos rumpelten über das Kopfsteinpflaster. Zwei Fernverkehrsstraßen führten durch die schmalen Gassen und Straßen der Altstadt und zerschnitten den Marktplatz. Die Überlegungen, diesem Problem durch Flächenabrisse am Rand der Altstadt und durch den Bau einer neuen Trasse beizukommen, wurden glücklicherweise nicht verwirklicht. Nach der Wende nahm der Verkehr auf den beiden Hauptstraßen, nun B 176 und B 180, bedrohlich zu. 1991 wurde Freyburg in die Förderprogramme „Städtebaulicher Denkmalschutz" und 1993 in die „Städtebauförderung" aufge-

nommen. Dennoch dauerte es noch bis 2001, bis eine Ortsumgehung unter Bewahrung der Altbausubstanz, fertig gestellt werden konnte. Bis dahin sorgten ein Einbahnstraßensystem und der sukzessive Ausbau betroffener Straßenzüge für Erleichterung. Doch der Marktplatz blieb zunächst, was er in den vergangenen Jahrzehnten war: ein von Lärm und Abgas belasteter Ort. Die dreieckigen Inseln zwischen den diagonal über den Platz verlaufenden Bundesstraßen dienten Bushaltestellen oder parkenden Autos. Für die Wiederbelebung des einstigen Zentrums der Stadt wurde im Jahr 2000 ein Architektenwettbewerb ausgelobt. Heute zieren zwei Reihen gestutzter und gestäbter Platanen den Platz, der nur noch an seiner Ost- und Westseite von einer Straße flankiert wird. Aus einem unruhigen Verkehrsknotenpunkt wurde eine wohlgestaltete Ruhe- und Kommunikationszone – die „gute Stube" der Stadt, über die man Freyburger sagen hörte, dass sie sie am liebsten nur in Hausschuhen betreten würden.

Wenn es nach einer Zuschauerbefragung des MDR-Fernsehens aus dem Jahre 2008 geht, ist die Neuenburg die schönste Burg Sachsen-Anhalts. Rund zwei Jahrzehnte zuvor aber bot sie noch einen der traurigsten Anblicke im Burgenland. Holzzaun, Stacheldraht und ein Verbotsschild verwehrten den Zugang zur Burg, die um 1090 der Thüringer Graf Ludwig der Springer gegründet hatte. Mit dem Aufstieg der Familie, die als Landgrafen von Thüringen in die erste Reihe der Reichsfürsten gehörte, erfolgte der Ausbau der Neuenburg mit repräsentativen Wohnbauten, mächtigen Türmen und Mauern. Eine Blüte erlebte das Bauwerk unter Ludwig IV. und seiner Gemahlin, der heiligen Elisabeth. Kaiser Friedrich Barbarossa weilte hier und Heinrich von Veldeke soll hier um 1185 die «Eneit», das erste ritterlich-höfische Versepos in mittelhochdeutscher Sprache, vollendet haben. 1970 musste die einst stärkste Burg der Thüringer Landgrafen baupolizeilich gesperrt werden. Verfall und Verwahrlosung bedrohten die Feste. Im Sommer 1989 zerstörte ein Blitzschlag einen Teil des Dachstuhls über dem nördlichen Galerieflügel. Ein Torhaus drohte den Hang hinab zu rutschen. Im Herbst erzwang sich eine Gruppe Freyburger Bürger den Zutritt zur Burg und nahm das dramatische Ausmaß der Zerstörung in Augenschein. Der friedlichen Erstürmung folgten bald die ersten Rettungsarbeiten. Nach der Restaurierung der Doppelkapelle konnten Dank öffentlicher Mittel, privatem Einsatz und privatwirtschaftlicher Hilfe auch die Renaissance- und Barockräume, der Festsaal mit dem Jagdzimmer sowie der Fürstensaal museal wiedererstehen. 1996 öffnete die „Kinderkemenate", 1998 das Weinmuseum, 2003 die Exposition „Burg und Herrschaft" und 2010 die Ausstellung „Wunderwerk-Taschenuhr". Heute ist die weitgehend in ihrem Bestand gesicherte Neuenburg im Eigentum der Stiftung Dome und Schlösser in Sachsen-Anhalt sowie einer der Höhepunkte an der Straße der Romanik. Für die Sanierung wendete die Stiftung bisher insgesamt ca. 3,3 Mio Euro auf.

Es gibt repräsentativere Gebäude in Gardelegen, aber das kleine Förstersche Haus in der Sandstraße ist das älteste Fachwerkhaus der Hansestadt. Errichtet in Hochständerbauweise, der niedersächsischen Fachwerkbaukunst aus frühgotischer Zeit, zeigt der Schriftbalken die Jahreszahl 1579. „Sicher hat man zu allen Zeiten auch konservativ gebaut; deshalb ist es denkbar, dass man in der westlichen Altmark noch in der Hochrenaissance gotisch gebaut hat. Das tatsächliche Alter müsste erst noch erforscht werden", sagt Elisabeth Schweder von der Sachsen-Anhaltinische Landesentwicklungsgesellschaft mbH (SALEG). Nach dem Zweiten Weltkrieg gab es noch viele solcher Häuser in Gardelegen. Doch sind Häuser erst einmal unbewohnt, ist ihr Todesurteil bald gesprochen. Abbrüchen in den 1970er und 1980er Jahren folgte standardisierte Blockbebauung. Ab 1985 verdoppelte man die Neubauquote nahe der Innenstadt durch 1000 Plattenwohnungen, entgegen jeder baulichen Tradition, zunächst fünfgeschossig, dann sogar sechsgeschossig. 438 Wohneinheiten wurden inzwischen zurückgebaut. In der Sandstraße überwinterten glücklicherweise schöne Fachwerkhäuser, wenn auch, wie das Förstersche Haus zuletzt nur noch als Ruine. 1980 wurden die bauhistorisch wertvollen Hofgebäude abgerissen. Durch den Verlust eines Seitenflügels war das leerstehende Hauptgebäude schutzlos den Witterungseinflüssen ausgesetzt. In den 1990er Jahren konnte die Hansestadt, mit Unterstützung durch Bund und Land, das Haus erwerben und für 1,6 Mio DM mit traditioneller Handwerkstechnik und authentischen Baumaterialien denkmalgerecht sanieren. Dabei entdeckte Details deuten darauf hin, dass in dem Haus ursprünglich das für Gardelegen typische Brauereihandwerk ein Domizil hatte. Noch nach dem Dreißigjährigen Krieg beherbergten mehr als die Hälfte der Gardelegener Häuser Brauereien. Auch Fleischhauer, Zeugmacher, Gewandschneider, Ackerbürger, Stadtsoldaten und Landsknechte könnte es einst ein Dach über den Kopf gegeben haben. In dem nun originalgetreu wieder aufgebauten Gebäude bietet eine Wohnung über drei Stockwerke Platz für eine Familie, die im Auftrag des Jugendamtes Pflegekindern eine Heimstatt gibt.

Fast 300 Jahre lang wurde aus dem einst größten Tagebauareal Mitteldeutschlands insgesamt über eine Milliarde Tonnen Kohle aus bis zu 120 Meter mächtigen Flözen gefördert. 16 Dörfer wurden in dieser Zeit überbaggert und fast 12 000 Menschen umgesiedelt, die meisten zwischen 1953 und 1975. Durch den Abbau entstand ein Tagebaurestloch von rund 2 600 Hektar Fläche. Schon 1987 hatte der Ministerrat der DDR die Flutung dieses Geländes beschlossen. Seit 1991 werden die Restlöcher des Tagebaus Mücheln in Verantwortung der LMBV saniert. Allein für den Tagebau Mücheln mussten 65 Mio Kubikmeter Abraum bewegt werden. Das Restloch Mücheln wurde von Altlasten saniert. Im Juni 2003 flossen die ersten Wasser der Saale in den nun mit 1 842 Hektar größten künstlich angelegten See Deutschlands. Am Südhang reifen 4 000 Rebstöcke der Sorte Müller-Thurgau, 2 000 Spätburgunder, 2 000 Cabernet Mitos und 2 000 Weißburgunder. Zu Füßen des Weinberges glitzert der Geiseltalsee. Die Wasseroberfläche schafft beste Voraussetzungen für den Weinanbau, sie reflektiert die Sonne, speichert die Wärme tagsüber und gibt diese in der Nacht wieder an den Hang ab.

Als Rolf Reifert im Frühjahr 1997 die Idee hatte, Wein anzubauen, wo der Braunkohletagebau nur ein gewaltiges Loch hinterlassen hatte, hielten es viele für einen Scherz. Bacchus statt Bagger? Nach südlich-lieblichen Weinhängen sah die aufgerissene Landschaft des ehemaligen Tagebaus Mücheln nicht aus. Doch da war dieser Abraumhang der Klobikauer Halde, den schon die frühen Sonnenstrahlen wärmten. In dieser Lage hätte man sogar ein bis zwei Stunden länger Sonne als im übrigen Saale-Unstrut-Gebiet, dachte sich der Hobby-Winzer. Hangneigung 28 Prozent, der Wald im Rücken des Berges schützt vor kalten Winden. Sohn Lars sah die Landschaft mit den Augen des Vaters. Mit Ausdauer und viel Fantasie trotzte die Familie Reifert der von riesigen Erosionsrinnen durchzogenen Halde einen Weinberg ab. Inhomogener Boden machte das Unterfangen schwierig.

Die über tausendjährige Stiftskirche des 961 von Markgraf Gero gegründeten Benediktiner-Damenstifts, Ende des 10. Jahrhunderts vollendet, gilt als das älteste erhaltene Gotteshaus Ostdeutschlands und als das einzig erhaltene frühottonische Bauwerk Sachsen-Anhalts. Zwischen 1858 und 1866 stellte bzw. bewahrte der preußische Konservator Ferdinand von Quast weitgehend die originalen Bauformen der inzwischen stark vom Verfall bedrohten Kirche wieder her. Die Ausmalung der Decken und Bogenlaibungen sowie der Apsiden gestaltete von Quast nach eigenen Vorstellungen. Doch durch Dach und Mauerwerk dringende Feuchtigkeit fügte im Laufe vieler späterer Jahrzehnte den Kunstwerken der Kirche immensen Schaden zu. Über 50 Prozent der Malereien in der Westapsis waren schließlich zerstört. Putzausbrüche und Risse bedrohten die restlichen Bilder, über Lehmeinschlüssen im Putz war die Malerei abgeplatzt. Die

Die Darstellungen des Jüngsten Gerichts mit Christus als Weltenrichter und der brandenburgischen und anhaltinischen Fürsten waren in höchster Gefahr. Das Mauerwerk musste dringend saniert, Dach- und Dachdeckenkonstruktion repariert werden. Im Jahr 2004 konnten die Wandmalereien dank vieler Spender gerettet werden, allein die Deutsche Stiftung Denkmalschutz half mit 150 000 Euro. Die mit der Nässe aufsteigenden Salze hatten auch zu dramatischen Verwitterungserscheinungen am frühromanischen Heiligen Grab, dem kostbarsten Kunstschatz der Stiftskirche, geführt. 2003 begannen intensive Bemühungen zur Rettung dieser ältesten Nachbildung des Jerusalemer Grabes Christi nördlich der Alpen, für dessen Erhalt unter fachlicher Leitung des Landesamts für Denkmalpflege und Archäologie Sachsen-Anhalt bis 2011 insgesamt etwa 900 000 Euro investiert wurden.

Zwischen Naumburg und Weißenfels erhebt sich auf einem Steilhang über dem Saaletal das Schloss Goseck. Bereits 892 erwähnt, war die Feste um das Jahr 1000 Stammburg der Pfalzgrafen von Sachsen. 1041 wieder aufgegeben, wechselte Goseck nach anschließender 500-jähriger Nutzung als Benediktinerkloster noch mehrfach den Besitzer. Nach 1600 setzte auf Goseck wieder eine intensive Bautätigkeit ein. Der 1635 vollendete Schlossbau befand sich von 1840 bis 1945 im Besitz der Grafen von Zech-Burckersroda. Nach deren Enteignung waren im Schloss zunächst Flüchtlingswohnungen, dann eine Jugendherberge und eine Schule untergebracht. Kurzzeitig wurde es auch als Bildungszentrum für Baudenkmalpflege genutzt. Die Baupflege am Schloss war in dieser Zeit jedoch außerordentlich mangelhaft. Der drohende Verfall konnte in letzter Minute abgewendet werden, als Schloss Goseck 1997 in den Bestand der heutigen Stiftung Dome und Schlösser in Sachsen-Anhalt aufgenommen wurde. Bei ersten Notsicherungsmaßnah-

men erhielten die Apsiden provisorische Dächer und der achteckige Schlossturm bekam ein „Stützkorsett". Dem folgte bis 2009 ein umfangreiches Sanierungsprogramm, das auch die Kirche mit einschloss. So wurden beim Rückbau des barocken Tonnengewölbes in der romanischen Krypta alte Wandmalereien freigelegt und restauriert. Mit der Erhaltung der baulichen Substanz, für bisher über 6,8 Mio Euro, ging es auch darum, das Schloss mit Leben zu erfüllen und der Öffentlichkeit zugänglich zu machen. So veranstaltet heute das vom Verein Schloss Goseck e. V. gegründete „Europäische Musik- und Kulturzentrum" die über die Grenzen der Saale-Unstrut-Region bekannten Schlosskonzerte mit vorwiegend alter Musik. Zudem kann man sich im Schloss multimedial über das nahegelegene 7 000 Jahre alte Sonnenobservatorium informieren. Die Kreisgrabenanlage von Goseck, 1991 entdeckt und 2005 am Originalschauplatz rekonstruiert, ist einer der frühesten archäologischen Belege für systematische Himmelsbeobachtungen.

Zeugnisse entfesselter Industriekräfte, bis zu 125 Meter lang und bis zu über 30 Meter hoch, beherrschen die 20 Hektar große Halbinsel im Gremminer See: Fünf Stahlkolosse, Schaufelrad- und Eimerkettenbagger sowie Absetzer. Die ausgedienten Tagebaugeräte inmitten des 1991 ausgekohlten Tagebaus Golpa-Nord stehen für den Abschied von gigantomanischer Industriemoderne. Ferropolis, „Stadt aus Eisen" – an ihre Ufer plätschert der See mit dem Namen des einst hier überbaggerten Dorfes. 1981 mussten 142 Gremminer ihre Gehöfte verlassen. Der 1958 aufgeschlossene Tagebau Golpa-Nord bei Gräfenhainichen versorgte vor allem die Kraftwerke Zschornewitz und Vockerode mit Braunkohle zur Erzeugung von Elektrizität. 820 Bergleute arbeiteten hier zu Spitzenzeiten. Zwischen 1974 und 1987 wurden 69,9 Mio Tonnen Rohbraunkohle gefördert. Doch zu Beginn der 1990er Jahre hatte die rund 150-jährige Bergbau- und Industriegeschichte Mitteldeutschlands einen Wendepunkt erreicht, der gesamte Braunkohletagebau im Raum Gräfen-

hainichen und Bitterfeld wurde eingestellt. Zurück blieben Löcher in der Landschaft und 7 000 Tonnen Stahl, freigegeben zur Verschrottung. Doch die Bagger und Absetzer wurden 1994 auf Anregung des Bauhauses Dessau unter Denkmalschutz gestellt und 1995 arenenartig aufgestellt. Im Januar 2000 begann die Flutung des alten Tagebaus. Schließlich ragte aus dem Wasser nur noch das surreal anmutende Halbinselreich Ferropolis, das als Projekt der EXPO 2000 infrastrukturell erschlossen wurde. Auch im Jahr 2000

feierte man in der 25 000 Menschen fassenden Arena mit einem Konzert mit Mikis Theodorakis die Einweihung der „eisernen Stadt", die seit 2005 Referenzstandort der Europäischen Route des industriellen Erbes ist. Inzwischen haben über eine Million Menschen Ferropolis besucht. Kulturfestivals, internationale Feiern ebenso wie große Konzerte von Herbert Grönemeyer bis Metallica haben Ferropolis einen europaweiten Ruf als außergewöhnlichen Kunstort verliehen.

Der Drang zur „Kultivierung der Leere" ist nicht nur ein Halberstädter Phänomen, sondern das Anliegen fast des gesamten vom demografischen Wandel gezeichneten Landes Sachsen-Anhalt. Doch manche Städte hat es einfach härter getroffen als andere. Halberstadt wurde im Zweiten Weltkrieg zu 84 Prozent zerstört. Von den einst mehr als 1 600 Fachwerkhäusern im niedersächsischen Stil stehen heute noch 447. Allein 676 hatten die Bomben vernichtet, 482 fielen danach der Abrissbirne zum Opfer. Im Herbst 1989 wurde die Rettung der Altstadt zu einem zentralen Thema der Bürgerbewegung. „Reko statt Abriss" war die Losung. Tausende zogen protestierend durch die halbzerfallenen Reste der Altstadt. 1990 wurde Halberstadt in das „Modellstadtprogramm" der Bundesregierung aufgenommen, als einzige Stadt in Sachsen-Anhalt. Der Wiederaufbau des Stadtkerns mit Fischmarkt und Holzmarkt war eine Herausforderung, denn die fast sechs Hektar große Fläche um die beiden Märkte lag brach. Das Zentrum des einstigen „Rothenburg des Nordens" war nur noch ein riesiger Parkplatz. Ein städtebaulicher Wettbewerb wurde ausgerufen. Der Sieger, ein Braunschweiger Architektenbüro, überzeugte mit seinem Vorschlag, das Stadtzentrum wieder auf den alten Baufeldern in moderner Formensprache zu errichten. Die Wiederbelebung des historischen Stadtgrundrisses „erlaubt den Bürgern, eine neue Identifikationsbindung zu ihrer Stadt zu entwickeln, ohne das die Neubauten an Maßstäblichkeit und zeitgenössischer Ausdruckskraft verlieren müssen", begründete das Preisgericht seine Entscheidung. Etwa 250 Mio DM waren für die Wiedererstehung der neuen Mitte veranschlagt. Architektonisches Glanzstück wurde das Rathaus, neu erbaut auf 600 Jahre alten Grundmauern. Die alten Baufluchten und die ursprüngliche Kubatur wurden wieder aufgenommen, die Westfassade, nach historischem Vorbild rekonstruiert, aber durch eine Glasspange vom eigentlichen Baukörper getrennt. Geschickt verknüpften die Architekten Erinnerungen an den in Jahrhunderten gewachsenen Vorgängerbau mit den Anforderungen, die heute an ein modernes Rathaus gestellt werden.

Als Friedrich Heine 1883 seine ersten „Heines-Halberstädter Würstchen" herstellte, ahnte er nicht, dass er bald Besitzer der größten Würstchenfabrik Europas sein würde. Sein Erfolg basierte auf einer damaligen Weltneuheit: die Konservierung von Würstchen. Bald verkaufte er seine geräucherten Brühwürste in Konservendosen weit über Deutschlands Grenzen hinaus. Sternstunde für die junge „Halberstädter Fleischfabrik Heine" war 1896 die Bestellung von 40 000 Paar Würstchen durch das deutsche Kaiserhaus anlässlich der Einweihung des Kyffhäuserdenkmals. Noch heute sagen die Halberstädter, der Dom habe ihre Stadt bekannt, die Würstchen jedoch berühmt gemacht. 1000 Beschäftigte zählte der 1948 enteignete und ab 1954 als VEB Halberstädter Fleischwaren weitergeführte Betrieb. 40 Jahre Sozialismus überlebten die Halberstädter Würstchen als begehrte Delikatesse, die selbst in den DDR-Feinkostläden „Delikat" nur „unterm Ladentisch" zu bekommen waren. Nach der Wende ging es wieder um die Wurst: Mehr als 30 Interessenten gaben sich die Klinke in der denkmalgeschützten Fabrikanlage in die Hand. Alle glaubten, durch Abriss der historischen Gebäude marktfähig bleiben zu können. Nur der Metzgermeister und Kaufmann Ulrich Nitsch aus Lehrte bei Hannover erkannte das Potenzial dieses Traditionsunternehmens, in das er ab 1992 etliche Millionen investierte. 10 000 Quadratmeter überdachte Produktionsfläche wurden saniert. Mit der Restaurierung des alten „Kaminrauchs", dem Herzstück der Fabrik, blieb auch der einzigartige Geschmack der „Halberstädter" erhalten. „Halberstädter Würstchen" dürfen ab Oktober 2010 mit dem EU-Siegel mit „geschützter geografischer Angabe (g. g. A.)" vertrieben werden. Das heißt, wo „Halberstädter Würstchen" drauf steht, sind auch die im Kamin geräucherten und anschließend gereiften Würstchen aus Halberstadt drin. Mit über 30 Prozent Marktanteil bei im Naturdarm konservierten Würstchen sind die Halberstädter Marktführer in den neuen Bundesländern, deutschlandweit stehen sie an vierter Stelle.

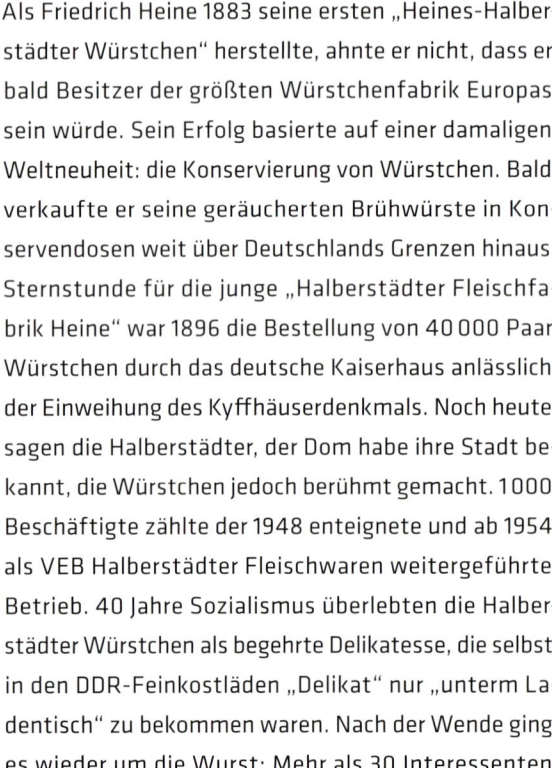

Thora Rollen brannten in den Altstadtstraßen, als die Halberstädter Barocksynagoge in der Bakenstraße 56 am 9. November 1938 verwüstet wurde. Etwa 700 jüdische Bürger lebten damals noch im ehemals bedeutendsten Zentrum der jüdischen Orthodoxie in Mitteleuropa – 1942 wurden die letzten von ihnen deportiert. Die Synagoge, eines der großartigsten Denkmale jüdischer Baukunst in Deutschland, war mit dem Abrissbeschluss der städtischen Baubehörde (auf Kosten der jüdischen Gemeinde) bis auf die Grundmauern abgetragen. Nach 1945 gingen die baulichen Zeugnisse des jüdischen Lebens in den Besitz der Städtischen Wohnungswirtschaft über. Der Durchgang zur Synagoge in der Bakenstraße wurde, trotz Protest, als Wohnraum zugebaut; an Mauern des Aufganges zur Frauenempore klebten Kaninchenställe. Wenige aufrechte Halberstädter bemühten sich in den DDR-Jahren um das jüdische Erbe, ohne jedoch verhindern zu können, dass immer mehr Gras und Kleingartengemüse über die Geschichte wuchs. 70 Jahre nach der

Pogromnacht ließ die Moses-Mendelssohn-Akademie, nach der Konzeption des Künstlers Olaf Wegewitz, die Dimensionen der zerstörten Barocksynagoge wieder erfahrbar werden, den Thoraschrein und die Bima, das Vorlesepult, hervorheben und den liturgischen Gang durch die Synagoge auf streng gefassten Wegen nachvollziehbar machen. Bäume und Pflanzen, die schon in der Bibel genannt werden, wachsen jetzt in dem Areal. Auch andere ehemalige Orte des jüdischen Lebens in Halberstadt, das Rabbinerseminar mit der Klaussynagoge, das Kantorhaus in der Bakenstraße und das Ritualbad in der Judenstraße dienen heute dem Erinnern. In der Klaussynagoge ist eine Internationale Begegnungsstätte mit vielfältigem Tagungs-, Seminar- und Veranstaltungsprogramm entstanden. Das nach Berend Lehmann, dem Halberstädter Hofjuden und Stifter der Synagoge, benannte Museum beschäftigt sich insbesondere mit der Geschichte und der Kultur der Juden Preußens. Im Café Hirsch werden Gerichte nach traditionellen jüdischen Rezepten angeboten.

Schloss Hundisburg mit seinen historischen Garten- und Parkanlagen liegt am Nordrand der Magdeburger Börde. Schon im 12. Jahrhundert existierte hier zwischen dem einstigen Erzbistum Magdeburg und den welfischen Territorien die Hunoldesburg, jene wehrhafte Burg, von der heute noch der Bergfried als Südturm des Schlosses erhalten ist. Ab 1544 zum Renaissanceschloss umgebaut, ließ es Johann Friedrich II. von Alvensleben 1693 nach dem Vorbild Salzdahlums in ein grandioses Barockschloss verwandeln. Berühmte Besucher der unter Aufsicht des Landbaumeisters

Hermann Korb gestalteten Räume waren u. a. die Preußenkönige Friedrich Wilhelm I. und Friedrich II. Auch Leibniz durchschritt einst das Corps de logis, dessen barocke Raumfolge durch einen verheerenden Brand nach der Einquartierung sowjetischer Truppen im Jahr 1945 weitgehend zerstört wurde. Die Wirtschaftsgebäude blieben verschont und dienten in der DDR einem Volkseigenen Gut. Trotz einiger Versuche in den 1960er Jahren die Gebäude zu sanieren, verfiel das gesamte Anwesen. Ein Teil des Schlossparks, der im 19. Jahrhundert um den mit 100 Hektar heute dritt-

größten Landschaftspark Sachsen-Anhalts erweitert wurde, diente als Fußballplatz. Nach der Wende konnte Dank bürgerschaftlichen Engagements und mit Unterstützung der EU, des Landes und der Deutschen Stiftung Denkmalschutz mit der Sanierung und dem Wiederaufbau des Schlosses sowie mit der inzwischen weit fortgeschrittenen Rekonstruktion des Barockgartens und des Landschaftsparks begonnen werden. Hinter der restaurierten Fassade beherbergt Schloss Hundisburg, mit der nach Meinung des Kunsthistorikers Udo von Alvensleben „genialen Verbindung einer norddeutschen Burganlage mit einem venezianischen Palast", u. a. zwei Kunstsammlungen, ein Restaurant und Hochzeitszimmer. Mit der Fertigstellung des Akademiegebäudes, der Rekonstruktion des Gartensaals und der Neuschöpfung der Deckenfresken im Festsaal wurde der weitere Weg für die vollständige Nutzung von Schloss Hundisburg besonders im kulturellen Bereich geebnet.

IFA ist ein Name mit Tradition. Das Kürzel, das einst alle Fahrzeugbau-Kombinate der DDR vereinte, stand für den Industrieverband Fahrzeugbau der DDR. 1959 wurde der VEB Landmaschinen- und Gerätebau Haldensleben gegründet, der zunächst noch auf die Herstellung von Spaten, Hacken, Kartoffelquetschen und Traktoranhänger spezialisiert war. Mit der Orientierung auf Gelenkwellenfertigung ab Mitte der 1970er Jahre gewann das Werk das auch für die Zukunft entscheidende Profil. Bis zur Wende produzierte der VEB IFA Gelenkwellenwerk Haldensleben mit bis zu 1000 Mitarbeitern u. a. Gelenkwellen für den Traktor Fortschritt ZT 3000 und den LKW W 50. Doch nach der Wende brach der Absatz zusammen. 1992 übernahm Heinrich von Nathusius, zuvor Geschäftsführer der Krupp-Stahlhandelsgesellschaft in Duisburg, das Unternehmen und richtete es neu aus. Auch der Name Nathusius hat Tradition in dieser Region. Bereits zu Beginn des 19. Jahrhunderts gründete hier der Magdeburger Johann Gottlob Nathusius den ersten deutschen Industriekonzern. Rund 200 Jahre später wurde die Firma seines Nachfahren vom Industrieclub Magdeburg mit dem Unternehmenspreis ausgezeichnet. Heinrich von Nathusius war es gelungen, mit rund 100 Mitarbeitern den Haldensleber Automobilzulieferer wieder marktfähig zu machen. Im Frühjahr 1993 begannen die Sanierungsarbeiten von mehreren Produktionshallen und der Verwaltungsgebäude. Als erster Großkunde wurde VW gewonnen. Anfang 2002 nahm die neue Tochtergesellschaft IFA Antriebstechnik GmbH ihre Produktion in Gardelegen auf. 2009 expandierte IFA durch den Zusammenschluss mit der ROTORION GmbH aus Friedrichshafen. 2010 erwirtschaftete die IFA ROTORION-Holding GmbH mit über 1000 Mitarbeitern an ihren Standorten in Haldensleben, Gardelegen, Irxleben und Charleston (USA) einen Jahresumsatz von 350 Mio Euro. Das Unternehmen zählt zu den führenden europäischen Gelenkwellen-Herstellern und ist größter Automobilzulieferer Sachsen-Anhalts.

Halle ist eine Doppelstadt: Am östlichen Ufer der Saale liegt die rund 1200 Jahre alte Universitätsstadt, am anderen Ufer die ab 1964 für 100 000 Einwohner erbaute Neustadt. Halle besitzt auf 84 Hektar eine der größten Altstädte Deutschlands. Von den über 1000 Einzelbauten stehen 560 unter Denkmalschutz, viele davon noch aus der Vorgründerzeit. Ein kulturhistorischer Schatz, der in großen Teilen verloren zu gehen drohte. 1983 gründeten Hallenser, die dem massiven Verfall nicht mehr tatenlos zusehen wollten, den Arbeitskreis Innenstadt und schlossen sich, um unter den damaligen Bedingungen überhaupt arbeiten zu können, dem Kulturbund an. Die Mitglieder der Gruppe legten Hand an gefährdete Gebäude, besserten Dächer aus, verschlossen Zugänge, um Vandalismus zu verhindern, stützten Fachwerk ab und bargen Spolien zur Wiederverwendung. Und doch wurden Straßen mit relativ intakter Bausubstanz abgerissen. Der Stadtarchitekt wollte Halle „ein Gesicht geben, das dem Sozialismus entspricht". „Interventionen des Institutes für Denkmalpflege oder Rettungsaktionen des Arbeitskreises erzielten nur Einzelerfolge", erin-

nert sich Henryk Löhr. Erst die Wende ermöglichte den sofortigen Abrissstop. Die Aufgabe, diese Stadt wiederzubeleben, war gigantisch, denn zwei Drittel aller Gebäude befanden sich in schlechtem bis ruinösem Zustand. Viele Häuser standen leer. 1990 wurde die Altstadt zum Flächendenkmal erklärt. Inwischen konnten 65 Prozent der Gebäude mit Unterstützung von Städtebaufördermitteln saniert werden. So auch das Wohnhaus Barfüßerstraße 9, ein verputzter Fachwerkbau vom Ende des 17. Jahrhunderts, in dem einst August Stapel wohnte, einer der wichtigsten Baumeister der ersten Hälfte des 19. Jahrhunderts in Halle. Noch vor wenigen Jahren war es – von Schwamm befallen, das Dach abgebrannt, die Schwellen vermodert, die Wände abgesackt – ein Hausgespenst. Ein Privatinvestor aus Münster erwarb es trotzdem. 2,5 Mio Euro flossen 2005/06 in die Rettung des Fachwerkgebäudes, das heute als Wohnhaus mit Restaurant, Geigenbauwerkstatt und Laden die Barfüßerstraße neu belebt.

Als 2010 die Franckeschen Stiftungen unter dem Motto "Im Lichte der Erneuerung" ihren Wiederaufbau feierten, konnte sich Festredner Hans-Dietrich Genscher noch gut an den ruinösen Zustand vor 20 Jahren erinnern. Der Freylinghausen-Saal war „ein riesiger Taubenschlag". „Wenn ich sehe, was heute daraus geworden ist, dann weiß ich, was ein Neubeginn ist", betonte der Bundesaußenminister a. D. Um dem Verfall entgegen zu treten, hatte sich 1990 der Freundeskreis der Franckeschen Stiftungen e. V. gegründet. Die erste Sitzung konnte schon im ehemaligen Bet- und Singesaal der Historischen Schulstadt stattfinden, der nun von einer Turnhalle wieder zum Festsaal zurückgebaut wurde. Seitdem ist das historische Gesamtensemble der Franckeschen Stiftungen für mehr als 100 Mio Euro saniert worden. Ein pulsierender Bildungskosmos mit kulturellem, wissenschaftlichem und pädagogischem Auftrag zog wieder in die Gebäude der Historischen Schulstadt ein. Motor der Erneuerung war der langjährige Stiftungsdirektor Dr. Paul Raabe. Unter seiner Leitung gewann die Stiftung ihre Selbstständigkeit zurück und bekam ihre enteigneten Grundstücke und Gebäude wieder. Herzstück der Anlage ist das 1698 vom pietistischen Theologen August Hermann Francke (1663 – 1727) errichtete Waisenhaus. Er setzte den brennenden Problemen seiner Zeit praktische Nächstenliebe entgegen. Weitblickende Reformen, wissenschaftliche Innovation und wertvolle Sammlungen begründeten den Ruf seiner Stiftungen über Europas Grenzen hinaus. Heute leben, lernen und arbeiten in den stiftungseigenen Einrichtungen, wie dem Historischen Waisenhaus mit der barocken Kunst- und Naturalienkammer, dem Studienzentrum mit Archiv und der Historischen Bibliothek, den vier Schulen und drei Kindertagesstätten sowie dem Kinderkreativzentrum und in etwa 40 weiteren Partnereinrichtungen rund 4 000 Menschen. In der Historischen Schulstadt, die inzwischen auf der deutschen Vorschlagsliste für das UNESCO-Welterbe steht, finden u. a. vielfach ausgezeichnete Hochbegabtenförderung, engagierte kulturelle Bildungsprogramme und ambitionierte soziale Projekte statt. Damit ist ein deutschlandweit einmaliges Netzwerk von Bildung für die Zukunft entstanden.

„Komm Wilhelm Pieck sei unser Gast und gib uns, was
Du uns versprochen hast", Harry Ladermann war 15
Jahre alt, als er 1947 wegen dieser spöttischen Worte von einem sowjetischen Militärtribunal zu zehn
Jahren Lagerhaft verurteilt wurde. Es war eines von
insgesamt mindestens 1600 Urteilen, die bis 1952 im
„Roten Ochsen" gegen tatsächliche und vermeintli-
che Nazis sowie gegen Gegner der Besatzungsmacht
verhängt wurden. Über einhundert Mal wurde das
Todesurteil gesprochen. Der „Rote Ochse" in Halle
war Sammel- und Durchgangsgefängnis sowie eine
der größten Untersuchungshaftanstalten der sowjetischen Sicherheitsorgane der SBZ. Noch kurz zuvor
hatten die Nazis in dem berüchtigten Zuchthaus politische Gegner einsperren und hinrichten lassen. Von
1950 bis 1989 Untersuchungshaftanstalt des Ministe-

riums für Staatssicherheit der DDR (MfS) wurden hier
insgesamt etwa 9700 Menschen unter menschenun-
würdigen Bedingungen gefangen gehalten. Zu den
ersten Inhaftierten des MfS gehörten Angehörige
der Zeugen Jehovas. Die nächsten Verhaftungswel-
len kamen 1953 mit der Zwangskollektivierung, dem
Kirchenkampf und dem Aufstand vom 17. Juni, in den
1960er Jahren mit dem Bau der Berliner Mauer sowie
1975 mit der KSZE-Schlussakte von Helsinki und den
sich darauf berufenden Ausreiseantragstellern und
schließlich mit der „Bekämpfung feindlich-negativer
Kräfte" der Bürgerbewegung. Hinter den backsteinro-
ten Mauern des 1838 bis 1842 erbauten Gebäudekomplexes wurde über 140 Jahre lang politischer Strafvoll-
zug ausgeübt – von der Mitte des Revolutionsjahres
1848 bis zur „friedlichen Revolution" 1989. Vor allem
aber verkörpert der „Rote Ochse" Repression und
Verfolgung Andersdenkender in den beiden deutschen Diktaturen. Diese Zeitspanne ist thematischer
Schwerpunkt der Gedenkstätte, die 1996 zunächst
mit einer provisorischen Ausstellung im ehemaligen
Wirtschafts-und Vernehmertrakt eröffnete. Seit
2007 ist dieser Ort der Trauer, des Erinnerns und des
Gedenkens Teil der neu gegründeten Stiftung Gedenk-
stätten Sachsen-Anhalt. Die Gebäude wurden denkmalgerecht saniert, ihre Geschichte aufgearbeitet, im
Zentrum der Ausstellungen aber stehen die persönli-
chen Schicksale der Opfer.

Der Technologiepark weinberg campus gilt als Keimzelle für den Wandel der Stadt Halle vom klassischen Industrie- zum Technologiestandort. Neben universitären und außeruniversitären Forschungseinrichtungen siedelten sich hier inzwischen mehr als 100 Unternehmen und Institute mit über 3 500 Beschäftigten vor allem der Bereiche Solartechnologie, Nano- und Mikrotechnologie, Biotechnologie und Life Sciences, Chemie und Pharmazie sowie Umwelttechnologie und Verfahrenstechnik an. Noch bis 1991 wurde das Areal in Heide-Süd zum großen Teil militärisch genutzt. Bis zu 9 000 sowjetische Soldaten, Offiziere und deren Familienangehörige hinterließen nach 45 Jahren extensiver Nutzung gravierende Spuren. Nach dem Abzug der Truppen erwarb die Stadt 134 Hektar des ehemaligen Kasernengeländes, das Land Sachsen-Anhalt bestimmte ca. 19 Hektar der Konversionsfläche für universitäre Zwecke. 1997 begann die Erschließung für den „Wissenschafts- und Innovationspark" (WIP). In den sanierten Gebäuden am Exerzierplatz und in anderen Kasernenbauten siedelten sich die naturwissenschaftlichen Fachbereiche der Martin-Luther-Universität Halle-Wittenberg an. Zum Kern des Technologieparks weinberg campus gehören heute neben der Universität vor allem das Biozentrum und die Standorte der Technologie- und Gründerzentrum Halle GmbH (TGZ Halle). Sie bieten seit 1993 jungen Unternehmen das Know-how für einen erfolgreichen Start und ein hochkarätiges Kompetenznetzwerk. Firmengründer und Unternehmer treffen hier unmittelbar auf die Wissenschaftler der Universität und der renommierten Forschungseinrichtungen der Max-Planck-, der Fraunhofer- und der Leibnizgesellschaft sowie der Helmholtz Gemeinschaft – ein immenses Potenzial für Synergien von Wirtschaft und Wissenschaft. Die bisherigen Investitionen in Höhe von ca. einer Milliarde Euro demonstrieren eindrucksvoll den Erfolg dieses größten Technologieparks Mitteldeutschlands.

Die Martin-Luther-Universität Halle-Wittenberg (MLU) ist eine der ältesten Hochschulen Deutschlands und zugleich auch die größte Hochschule Sachsen-Anhalts. Mit rund 19 000 Studierenden, neun Fakultäten und einem Angebot von über 180 Studienfächern und -programmen steht sie heute für mehr als 500 Jahre exzellenter Forschung und Lehre. Nach der Überwindung der durch das SED-Regime zu DDR-Zeiten auferlegten Einschränkungen nutzte die Universität mit der Wiedervereinigung Deutschlands die Chance einer grundlegenden demokratischen Erneuerung. Es vollzog sich ein rasanter Wandel, der sich spürbar auf Forschung und Lehre auswirkte und auch im Baugeschehen deutlich sichtbar wurde. Mit dem klassizistischen Hauptgebäude (Löwengebäude), dem Thomasianum, dem Melanchthonianum, dem Robertinum und dem modernen Audimax besitzt Halle heute einen der schönsten Universitätsplätze Europas. Einen (mit dem Architekturpreis Sachsen-Anhalt 2001 gekrönten) städtebaulichen Akzent setzt dabei der sich hervorragend in das historische Universitätsensemble integrierende Neubau des Juridicums, dessen Herzstück eine große gläserne Bibliothek mit stufenförmigen Leseterrassen und breiter Freitreppe bildet. Ein naturwissenschaftlicher Uni-Campus, der modernsten Anforderungen entspricht, entstand darüber hinaus in Heide-Süd. Die Universität belegt unter anderem mit den Erziehungswissenschaften, der Juristenausbildung, Pharmazie und der Medizin in Rankings regelmäßig vordere Plätze. Neu etabliert wurden im Jahr 2005 Exzellenznetzwerke, die eine enge Verzahnung der universitären mit der außeruniversitären Forschung aufweisen, essentielle Elemente der Nachwuchsförderung beinhalten und in den experimentellen Bereichen die angewandte Forschung berücksichtigen. Sie trugen zur Profilierung in den Bereichen Biowissenschaften, Materialwissenschaften, Orientwissenschaften/Ethnologie und Religions- und Geistesgeschichte der frühen Neuzeit bei.

Die Klosteranlage Hamersleben, nördlich von Halberstadt am Randes des „Großen Bruchs" gelegen, besitzt mit der ehemaligen Stiftskirche der Augustiner-Chorherren ein architektur- und kunstgeschichtlich außergewöhnliches Kleinod. Unmittelbar nach der Übersiedlung des Stifts von Osterwieck nach Hamersleben um 1109/11 begann der Bau der Klosteranlage, die über Jahrhunderte nahezu unverändert blieb. In ihrem Inneren ist sie so reich an großartiger mittelalterlicher Bauornamentik, dass trotz spätgotischer Baumaßnahmen und barocker Ausstattung der preußische Generalkonservator im vorletzten Jahrhundert von einer „der edelsten Anlagen romanischen Styls" sprach. Nördlich an die Kirche schließt sich die spätgotische Klausur an, die in der Mitte des 18. Jahrhunderts barock überformt wurde. Nachdem das Stift 1804 säkularisiert, der Grundbesitz in eine Domäne umgewandelt und die Stiftskirche mit der Klausur der katholischen Gemeinde zur Nutzung übergeben wurde, fanden seit Mitte des 19. Jahrhunderts in mehreren Abschnitten Restaurierungs- und Instandsetzungsarbeiten statt. Auch heute geht es wieder darum, weitestgehend den romanischen Raumeindruck zurück zu gewinnen. Die neue Eigentümerin, die Stiftung Dome und Schlösser in Sachsen-Anhalt, setzte seit 1997 über 1,4 Mio Euro (davon 10 Prozent Fördermittel) für den Erhalt der Klosteranlage ein. Die Sanierungsarbeiten begannen, nach gründlicher Bestandsaufnahme, 1998 am Westgiebel. Weiterhin wurden Maßwerkteile des Westfensters saniert und das stark verwitterte Sandsteingiebelkreuz erneuert. Mit Unterstützung zahlreicher Sponsoren konnte 2001 die Erneuerung der Orgel in Auftrag gegeben werden. Heute finden in der Stiftskirche regelmäßig Konzerte mit namhaften Organisten statt. Eine „Schönheitskur" für ein erstes Altarbild „Aufnahme Marias in den Himmel" wurde mit der Wiederherstellung und Konservierung im Jahr 2005 vorgenommen. Inzwischen konnten alle vier Bilder des Wandelaltars restauriert werden.

licher Denkmalschutz" des Landes Sachsen-Anhalt aufgenommen wurde, gehörte zu dem 12,9 Hektar großen Sanierungsgebiet Stadtinsel, ein Flächendenkmal mit 28 Einzeldenkmalen, auch der kulturhistorisch bedeutsame Salzmarkt. Salz war einst eines der wichtigsten Handelsgüter, die auf dem Wasserweg von Halle über das damals noch brandenburgische Havelberg transportiert wurden. Ein kurfürst-

Jedes erste Wochenende im September platzt die idyllische Insel-, Dom- und Pferdestadt aus ihren Nähten. Es ist Pferdemarkt im „Mühlenholz", auf den weiten Wiesen zwischen Elb- und Havelufer. Danach versinkt Havelberg wieder in die stille Winkeligkeit des mittelalterlichen Straßensystems. Der letzte Krieg hatte kurz vor der Inselstadt Halt gemacht. Danach aber drohte der Altstadtsubstanz durch Vernachlässigung der Ruin. Das Beguinenhaus, neben der Stadtkirche das einzige erhaltene Beispiel für mittelalterliche Bebauung auf der Stadtinsel, stand lange Zeit leer. Das Ende der DDR war für dieses Einzeldenkmal nahe dem Salzmarkt ebenso die Rettung wie für das benachbarte, zweistöckige Fachwerktraufenhaus aus dem Anfang des 19. Jahrhunderts. Als Havelberg 1991 in das Städtebauförderprogramm „Städtebau-

licher Inspektor kontrollierte bis 1801 in Havelberg die Salzeinfuhr und organisierte den Weitervertrieb. Der Erhalt der historischen Straßen mit verschiedenen kleinen Plätzen und wertvoller Bausubstanz, wie sie am Salzmarkt zu finden ist, aber auch angemessene Schließung von Baulücken und die Gestaltung der Uferbereiche, sorgten für eine Revitalisierung der Altstadt. Heute beherbergt das Haus Salzmarkt 2 hinter weißen Gefachen Wohnungen und ein Büro. 500 000 DM Städtebauförderungsmittel wurden für die Restaurierung des Beguinenhauses, in dem nun das Biosphärenreservat Mittelelbe ein Domizil hat, veranschlagt. Insgesamt über 25 Mio Euro Städtebaufördermittel flossen von 1991 bis 2010 in die Sanierung der Stadt, die nun wieder eine der schönsten des Elbe-Havellandes ist.

im Mansfelder Land war, war die Gangolf-kirche fast eine Ruine. „Wie traurig, sagten alle, und gingen vorüber", erinnert sich Waltraud Hornickel. „Doch da

Die kleine Gangolfkirche steht auf jenem Kupferberg, mit dem die lange Geschichte des Mansfelder Kupferschieferbergbaus begann. 1123 soll sie von Bergleuten als Kapelle aus Dank über den ersten Kupferfund errichtet worden sein. 800 Jahre lang prägte der Kupferbergbau Menschen und Landschaft im Mansfelder Land. Er hatte seine Blütezeit Ende der 1960er Jahre. 30 000 Tonnen Kupfer wurden 1969 abgebaut. Rund 20 000 Berg- und Hüttenleute waren damals im Mansfeld Kombinat „Wilhelm Pieck" beschäftigt, mehr als 10 000 arbeiteten im Walzwerk und anderen Außenbereichen. Doch das Kirchlein auf dem Kupferberg geriet in Vergessenheit. Über die Jahrhunderte mehrmals umgebaut, diente es noch bis 1972 als Gotteshaus, dann, allen Wettern und Vandalen schutzlos ausgesetzt, wurde es schließlich aufgegeben. Wertvolles Inventar wie Schnitzaltar, Glocke, Taufstein wurde noch in Sicherheit gebracht, doch die Orgel wurde zerstört und das Gebäude verfiel. Als 1990 Schluss mit dem längst unrentablen Kupferbergbau

hilft kein Jammern, man muss etwas tun." Nachdem die Kirche 1992 in städtischen Besitz übergegangen war, initiierte Waltraud Hornickel im Februar 1995 den Gangolfverein Hettstedt, der sich mit viel Idealismus und Elan der Ruine annahm. Auf Veranstaltungen und Konzerten wurden Spenden zur Rettung der Kirche gesammelt. Gemeinsam mit der Stadt, dem Land, der Denkmalpflege und vielen Sponsoren konnte die Gangolf-Kirche schließlich für insgesamt eine Million Euro saniert und 1999, zur 800-Jahrfeier der Mansfelder Bergbau- und Hüttentradition, wieder geöffnet werden. Für die Restaurierung der Rümann-Orgel brachte der Förderverein 120 000 DM zusammen. Heute sorgt der Förderverein vor allem mit Konzerten, Ausstellungen und Vorträgen für kulturelles Leben in der Gangolfkirche. Der Rundfunk-Jugendchor und das Akkordeon-Orchester, Orgel-Professoren mit ihren Studenten waren zu Gast. Zum traditionellen „Tag des Bergmanns" singen die Männer-Chöre aus dem Mansfelder Land.

Jessen an der Schwarzen Elster, mit 351,95 Quadratkilometer eine der flächenmäßig größten Städte in Sachsen-Anhalt, hat in ihrem Kern die historisch gewachsene Altstadtstruktur weitgehend erhalten. Noch in den 1980er Jahren stark von Verfall bedroht, wurde die Altstadt 1991 in das „Förderprogramm Denkmalschutz zur Sicherung und Erhaltung historischer Stadtkerne" aufgenommen. Zahlreiche Altbauten wurden saniert, Baulücken geschlossen und der historische Grundriss wieder hergestellt. Dafür investierte Jessen bisher über 11,5 Mio Euro Städtebaufördermittel und mehr als 4,5 Mio privates Kapital. Auch das Jessener Schloss erfuhr eine grundlegende Sanierung. Seine Geschichte begann im frühen Mittelalter als befestigte Burganlage. Im 14. Jahrhundert wurde aus der Burg ein kurfürstliches Wohnschloss, das eine wesentliche architektonische Prägung im 18. Jahrhundert erhielt. Um 1870 zur Tuchfabrik und nach dem Konkurs zum Wohnhaus umfunktioniert, büßte es 1945 als russische Kaserne so ziemlich alles ein, was sich als Heizmaterial eignete:

Tore, Treppengeländer, Dielenbretter und Dachbalken. Durch Abriss der Zwischenwände wurden Raumstrukturen verändert. Ab 1948 abwechselnd Verwaltungssitz der Stadt, der Kreisverwaltung und verschiedener gesellschaftlicher Organisationen, übertrug 1991 die Treuhand das abgewirtschaftete Gebäude der Stadt. Eine Studie zur Erstellung des Sanierungskonzeptes belegte, „dass das Schloß Jessen ein besonders beredtes Zeugnis der Geschichte ist und dadurch als Denkmal mindestens gleiche Wertigkeit wie architektonisch auffallendere Schlösser besitzt. Es verkörpert fast die gesamte Kulturgeschichte des Elbe-Elster-Raumes...". 1996 begann die Sanierung. Dabei musste der Ostflügel durch einen Neubau ersetzt werden. Die historischen Gebäudeteile wurden denkmalgerecht und zugleich in Balance mit den Anforderungen eines modernen Verwaltungsbaus saniert. Mit dem 4,5 Mio teuren Wiederaufbau des Jessener Schlosses zum Sitz der Stadtverwaltung und als Kulturstätte erhielt die Altstadt ihr Wahrzeichen zurück.

Im Kulturhaus von Kalbe, 1956 im Stil des sozialistischen Neoklassizismus erbaut, war immer etwas los. DDR-Prominenz wie Frank Schöbel und Rolf Herricht traten im großen Theatersaal auf. Das Haus bot Platz für Jugendweihen, Betriebsfeiern und Hochzeiten. Volkskunstgruppen, Chöre, Singgruppen und die Musikschule hatten hier ihr Domizil. Vor der 1000-Jahr-Feier der Stadt Kalbe wurde der Mehrzwecksaal mit einer Kapazität von 700 Sitzplätzen ausgebaut. Die Leute kamen u. a. aus Salzwedel, Klötze, Gardelegen, Osterburg, Stendal. Eigentlich ist das Haus heute viel zu groß für die von Abwanderungen betroffene strukturschwache Region. Und auch für den Finanzhaushalt der Stadt, die das Haus 1990 vom Landkreis Gardelegen übernahm – jedoch ohne Budget für die Bespielung. Diese liegt nun in der Hand von Fremdagenturen. Die Karten für die Vorstellungen des Theaters Altmark, für Kino, Kabarett, Schlager- und Volksmusikveranstaltungen sind gefragt. Mit Pittiplatsch, den Herzbuben, Sigrid und Martina, den Siegerinnen beim Grand Prix der Volksmusik 2007, mit Michael Hirte, dem „Supertalent 2008" oder Wolfgang Stumph haben die Altmärker hier wieder vergnügte Abende verbracht. Stadtverwaltung und Tourismusverein sehen in dem Kulturhaus eine Chance, das Leben in der Altmark attraktiver zu gestalten. So ermöglicht das Förderprogramm „Demografischer Wandel" den Aufbau eines „Mehrgenerationen-Zentrums" mit Stadtbibliothek, dem Klub der Volkssolidarität und einem Spielplatz. Das Gebäude wird mit Hilfe von Förderprogrammen (LEADER) saniert. Die erste Bauphase ist bereits abgeschlossen. Die Fassade bekam frische Farbe, das Dach neue Ziegel, der Haupteingang neue Türen, Fenster und Treppenstufen. In der zweiten Bauphase konnten u. a. im großen Mehrzwecksaal eine neue Heizung und eine Bar installiert werden. Nun fehlen noch 700 Stühle. Einem Spendenaufruf sind bereits viele Bürger gefolgt. Der Theatersaal hingegen behält mit der ursprünglichen Bestuhlung Retrocharme – ohnehin ein Merkmal dieses denkmalgschützten Gebäudes.

wichtige Fachkräfte in das niedersächsische Einbeck. Von den Sowjets enteignet, gehörte der Saatzuchtbetrieb Klein Wanzleben ab 1952 zur Deutschen Akademie der Landwirtschaft zu Berlin. Aus der Rabbethgeschen Zuckerfabrik wurde ein VEB. 1991 kehrte die KWS AG an ihren angestammten Standort zurück und gründete eine Tochtergesellschaft. Rund 20 Mio Euro wurden für die Mo-

„Erfolg kann man säen." Unter diesem Titel feierte die KWS Saat AG 2006 ihre 150-jährige Erfolgsgeschichte. Sie begann 1838 mit dem Bau der ersten Zuckerfabrik in dem Bördedorf Klein Wanzleben, das seitdem als Synonym für die Blütezeit der europäischen Zuckerindustrie des 20. Jahrhunderts gilt. 1856 erwarb Matthias Rabbethge die Aktienmehrheit an der Zuckerrübenfabrik. Zwei Jahre später begann Rabbethge jun. mit der Züchtung von Zuckerrübensamen, woraus sich bald eines der weltweit bedeutendsten Unternehmen dieser Art und die Haupteinnahmequelle des Unternehmens entwickeln sollte. Bis 1945 war die Geschichte der Klein Wanzlebener Saatzucht und der Zuckerfabrik nicht voneinander zu trennen. Doch nach Kriegsende evakuierten die Briten Oscar Rabbethge samt Hauptaktionäre und

dernisierung des Betriebes investiert, um die guten Böden der Magdeburger Börde wieder für die Zuckerrübenzüchtung und Vermehrung zu nutzen. Heute ist die KWS ein führendes Unternehmen der Pflanzenzüchtung mit einem Umsatz von über 754 Mio Euro. Rund 50 der insgesamt über 3500 Mitarbeiter haben in Klein Wanzleben einen Arbeitsplatz gefunden. Die alte volkseigene Zuckerfabrik wurde abgewickelt und abgerissen. Auf dem „Magdeburger Feld", einem Gebiet der einstigen Rabbethge-Gesellschaft, baute die Nordzucker AG, Europas zweitgrößter Zuckerproduzent, für 415 Mio DM ein hochmodernes Werk mit heute 168 Arbeits- und 14 Ausbildungsplätzen. 2009/10 produzierte das Klein Wanzlebener Unternehmen rund 2 000 Tonnen Zucker pro Tag aus den Zuckerrüben der Magdeburger Börde.

Wo einst am Stadtrand von Klötze Schafe auf grüner Wiese weideten, färben sich heute 500 Kilomter lange, futuristisch anmutende Glasröhren in Gewächshäusern grün – algengrün. Es ist die nahrhafte Mikroalge Chlorella vulgaris, die hier in vier Minuten eine Strecke von 100 Metern zurücklegt, unter idealen Licht- und somit optimalen Entwicklungsbedingungen. Wesentlicher Vorteil des patentierten Glasröhren-Systems ist, dass die Algen keine Verunreinigungen von außen aufnehmen können. „Die Anlage in Klötze ist einzigartig in der Welt. Hier leisten wir seit Jahren Pionierarbeit, da wir der einzige langjährige Betreiber einer solchen Algenanlage mit angeschlossener Forschungsabteilung sind. Detaillierte Erkenntnisse aus Laborversuchen lassen sich dabei nur bedingt in der Praxis umsetzen. Daher werden vor allem praxisorientierte Forschungsprojekte, auch mit Hilfe internationaler Kooperationen, durchgeführt", sagt Prokurist Jörg Ullmann. Die winzige Süßwasseralge ist reich an Mineralstoffen, Aminosäuren, Vitaminen und Antioxidantien. Schon die Azteken und Mayas ergänzten ihre Nahrung mit dieser wertvollen Biomasse. Heute findet man die Klötzener Algen als Nahrungsergänzungsmittel in Pulver- oder Tablettenform, als Rohstoff in der Lebensmittelindustrie, z. B. in Nudeln, Filinchen und Fitnessriegeln oder in der Fischwirtschaft als Aufzuchtmittel für Jungfische. Einst wurden Algen ausschließlich in offenen Teichanlagen vor allem in Südostasien und den USA angebaut. Im Jahr 2000 ging in der Altmark die weltweit erste Anlage zur Kultivation von Mikroalgen im patentierten Glasröhrensystem in Betrieb. Nach erstem Fehlstart und erneuter Eigeninvestition in Millionenhöhe starteten 2004 erneut Produktion und praxisorientierte Forschung. Mit rund 50 Tonnen Algen stellt das Unternehmen, das inzwischen zur französischen Firmengruppe Roquette Frères gehört, rund drei Prozent der Weltproduktion her. 60 Prozent der Erzeugnisse ge-

hen ins Ausland, vor allem nach Europa, in die USA
und sogar Malaysia. So stärkt das Klötzer Grün nicht
nur die Gesundheit sondern auch die Infrastruktur des
Altmarkkreises Salzwedel.

Eines der spannendsten Experimente im Rahmen der IBA 2010 war die Idee, eine Stadt in homöopathischen Dosen ganzheitlich gesunden zu lassen. Naturgemäß wuchs dieser Gedanke auf historisch dafür vorbereiteten Boden: In Köthen, laut FAZ „Hauptstadt der Homöopathie". So wie hier einst der Begründer der homöopatischen Heilkunst, Dr. Samuel Hahnemann, von 1821 bis 1835 die Selbstheilungskräfte seiner Patienten anregte, sollte sich nun auch eine ganze Stadt, die heftig unter den Symptomen Schrumpfung und Leerstand litt, selber heilen. Als Beweis für die Wirksamkeit dieser Methode gilt die Wiederbelebung der von Abriss bedrohten Ludwigstraße, deren Bewohner durch eine gemeinsame Strategie der homöopathischen Ärzte, Soziologen und Stadtplaner ihre Wi-

derstandskraft zurückerlangten. Zum schönsten Symbol für eine derartige Erweckung der Lebenskräfte verwandelte sich die Ruine des ehemaligen „Spitals der Barmherzigen Brüder" zum Sitz der Homöopathie-Stiftung des DZVhÄ, dem Europäischen Institut und der neuen Europäischen Bibliothek für Homöopathie. 2005 hatte die Stadt das 1829 vom Köthener Hofbaumeister Gottfried Bandauer errichtete, inzwischen aber einsturzgefährdete Gebäude ersteigert. Rund 2,7 Mio Euro Fördergelder flossen in die Sanierung und Außengestaltung des klassizistischen Gebäudes, das, inspiriert durch das Bauhaus Dessau, mit seiner originalgetreu restaurierten Fassade und dem neuen gläsernen Treppenturm, eine faszinierende und international beachtete Symbiose aus Tradition und Moderne bildet. Die Europäische Bibliothek umfasst 6 000 Bände und wird in Zukunft auf insgesamt 12 000 Publikationen anwachsen. Einzigartig ist dabei der „Historische Bestand" der Wolfgang Schweitzer Bibliothek. Die rund 2 500 Bände – mit besonderen Raritäten aus den Jahren 1796 bis 1950 – kamen per Schiff von Hamburg nach Köthen.

Der Kyffhäuser auf der Bergkuppe des Kyffhäuserberges im Südharz ist mit einer Länge von etwa 600 Metern die größte deutsche Burganlage des Hochmittelalters. Um 1100 als Reichsburg und zum Schutz der in der Goldenen Aue liegenden Reichsgüter unter Heinrich IV. und Heinrich V. angelegt, wuchs sie unter Kaiser Lothar zur gewaltigen dreiteiligen Anlage. Seit dem 14. Jahrhundert ohne strategische Bedeutung, lag die Burg bereits im 15. Jahrhundert wüst und war,

als hier 1891 mit der Errichtung des Kaiser-Wilhelm-Nationaldenkmals begonnen wurde, ein mittelalterliches Ruinenfeld. Vom quadratischen Barbarossaturm der Oberburg standen bald nur noch die starkwandigen 3-schaligen Außenmauern aus roten Sandsteinbuckelquadern. Doch diese überlebten selbst die Sprengungsabsichten der Frankhäuser Kommunisten nach 1945. Sowjetische Offiziere hatten das Kyffhäuserdenkmal nach Ende des Zweiten Weltkrieges vor übereifrigen Bilderstürmern bewahrt. Nun aber bröckelte der Barbarossaturm als Teil des „Mahnmals reaktionärer Gesinnung" ungeschützt vor sich hin. Hohe, schwere Steinquader schoben sich aus dem Gemäuer und drohten abzustürzen. Erst Mitte der 1990er Jahre wurden die Reste des Turmes gesichert und mit Hilfe einer Stahlkonstruktion und hydraulischen Pressen wieder ins Lot gebracht, sowie mit neuen Mauerteilen und Ringverankerungen dauerhaft gesichert. Trotz des fast völligen Verlustes seiner Mauerkrone – heute ist der Turm statt 30 nur noch 17 Meter hoch – und aller urspünglichen Einbauten, prägt der Barbarossaturm nun als touristischer Höhepunkt noch immer das Panorama des Kyffhäusers. Von 2004 – 2006 konnten die Mauerwerksoberflächen vor allem im bis dahin offenen dreigeschossigen Turminnern konserviert werden. Eine Abdeckung der Mauerkrone mit einem Bleidach schützt den markanten Turmrumpf, der durch eine neue Außentreppe zum Eingang in etwa elf Meter Höhe, durch Innentreppen und einen Durchbruch zum Verließ wieder begehbar ist.

Leitzkau, um 1138/39 die erste Prämonstratenser-Niederlassung östlich der Elbe, verdankt jenem Orden historische Bedeutung und architektonischen Glanz. 1564 erwarb Hilmar von Münchausen die infolge der Reformation säkularisierte Stiftsanlage. Die folgenden Um- und Ausbauten im Stil der „Weserrenaissance" machten sie laut Dehio zum „bedeutendsten Schlossbau dieser Zeit im Gebiet der mittleren Elbe". Es entstand das sogenannte Neuhaus – mit Zwerchgiebeln, Treppenturm und reich verziertem Portal. Sein Pendant, das aus dem östlich gelegenen Klausurgebäude hervorgegangene Althaus, wurde in den letzten Tagen des Zweiten Weltkrieges beschädigt und in den 1950er Jahren abgerissen. Erhalten blieb nur der Turm, dessen imposante Loggia die Verbindung zum Schloss Hobeck, der einstigen Probstei, herstellt. Nachdem die Familie von Münchhausen 1945

Hof und Gut verlassen musste, zogen Flüchtlinge ein, dann tobten Schulkinder durch die Gemächer – in Hausschuhen, was dem Schloss den Spitznamen „Pantoffelschule" einbrachte. Seit 1996 ist das Neuhaus Verwaltungssitz der heutigen Stiftung Dome und Schlösser in Sachsen-Anhalt, die bislang über 5,4 Mio Euro für die Sanierung der Anlage aufgewendet hat. Als erstes wurde die Heizungsanlage von Kohle auf Erdgas umgestellt. Nach dem Auszug der Schule 1997 begannen umfangreiche Sanierungsarbeiten. Auch die Fassaden von Schloss Hobeck, in dem der Förderkreis Kultur und Denkmalpflege Leitzkau e. V. seinen Sitz hat, wurden denkmalgerecht saniert, zudem konzentrierte man sich hier auf den Einbau einer Fußbodenheizung und die Erneuerung der Elektroanlage. Besonders aufwändig gestaltete sich die restauratorische Sicherung des Amalien-Kamins. Die Malereien im Flur aus dem 19. Jahrhundert wurden konservatorisch gesichert und gereinigt. Die Sanierungsarbeiten im „Kemenatensaal" fanden 2005 ihren Abschluss. Heute finden zahlreiche Kulturveranstaltungen auf Schloss Leitzkau statt, im Schloss Hobeck kann geheiratet werden und in den beiden unteren Etagen des Neuhauses dokumentiert eine Dauerausstellung die Geschichte dieser Schlossanlage.

Das Jagdschloss Letzlingen ist der einzige erhaltene Schlossbau der Hohenzollern in Sachsen-Anhalt. Freude an der Jagd, Liebe zu architektonischen Denkmälern und Interesse an den Hinterlassenschaften seiner Vorfahren veranlassten König Friedrich Wilhelm IV. 1843, das alte kurfürstliche Renaissance-Jagdschloss durch Friedrich August Stüler ganz im Geschmack der Zeit, im Tudor-Stil, wieder bewohnbar zu machen. Nachdem das Letzlinger Schloss seit 1918 preußischer Staatsbesitz war, fand hier von 1922 bis 1933 die nach reformpädagogischen Grundsätzen arbeitende „Freie Schul- und Werkgemeinschaft" ihr Domizil. Danach diente es als SA-Sportschule, als Lazarett und nach 1945 bis 1991 als Außenstelle des Kreiskrankenhauses Gardelegen. Als Jagdschloss Letzlingen 1996 in das Eigentum der heutigen Stiftung Dome und Schlösser in Sachsen-Anhalt überging, hatten über 400 Jahre wechselvolle Geschichte mehr als nur Altersflecken an den Mauern hinterlassen. Langjähriger Leerstand, mangelhafte Erhaltungsmaßnahmen und vielfältige „Umbausünden" bedrohten das Gebäude in seiner Substanz. Nach umfangreicher Bauforschung begann die denkmalgerechte Sanierung. Um der verheerenden Feuchtigkeit Herr zu werden, wurden u. a. große Teile der Dacheindeckung und der Entwässerungssysteme erneuert. Auch konnten alle für die natürliche Be- und Entlüftung der Innenräume notwendigen Zinnen wieder hergestellt werden. Die Stiftung Dome und Schlösser in Sachsen-Anhalt hat Jagdschloss Letzlingen für über neun Mio Euro Eigenmittel sowie vier Mio Euro Fördermittel aus dem Kulturinvestitionsprogramm (KIP) im Gewand des frühen 19. Jahrhunderts wiedererweckt. Seit 2001 beherbergt es eine Dauerausstellung, die sich mit der Bau- und Nutzungsgeschichte des Schlosses und mit der Geschichte der Jagd in der Letzlinger Heide befasst. Auch das Kavaliershaus, heute Hotel, und das Kastellanshaus wurden saniert. Barrierefrei durch den Einbau eines Fahrstuhls im Jahr 2011, wird auch an einer Erweiterung der Ausstellung gearbeitet.

Ostwind war Waschwind im Chemiedreieck Leuna-Buna-Bitterfeld. Wehte der Wind aus anderer Richtung, fiel der Dreck vom Himmel. Heute sind die Altlasten der Chemiekombinate weitgehend beseitigt. Wäsche weht in den Vorgärten bei jedem Wind und sogar das Gemüse aus dem eigenen Garten ist genießbar. Der Grundstein für den Chemiestandort Leuna wurde bereits 1916 von der BASF durch die Errichtung von Ammoniakanlagen als Grundlage für Düngemittel und Sprengstoff gelegt. Bis zum Zweiten Weltkrieg entwickelte sich die Technologiehochburg zum damals größten Betrieb der deutschen Chemieindustrie. Als Unternehmen der I.G. Farben büßte das kriegbeschädigte Werk 1945 durch Reparationsleistungen an die Sowjetunion einen Teil seiner Produktionsanlagen ein. 1946 poduziert das Chemiewerk Leuna als Sowjetische Aktiengesellschaft (SAG) Mineraldünger. 1954 in DDR-Eigentum überführt, entstand 1959 der Werkteil II – damit war Leuna das größte chemische Kombinat in der DDR und das erste petrolchemische Zentrum des Landes. Bis zu 30 000 Menschen stellten in Leuna an die 400 verschiedenen Produkte her. Exportiert wurde in 40 Länder. Auch im Westen gab es Leuna-Benzin. Als die Wende kam, war ein Großteil der technischen Anlagen verschlissen. Die Treuhandanstalt als zwischenzeitlicher Eigentümer sah ein: Im Ganzen ist Leuna nicht zu privatisieren. So haben sich seit 1990 renommierte Unternehmen wie TOTAL, Momentive, Linde, DOMO, Arkema und Tamnico sowie zahlreiche mittelständische Unternehmen angesiedelt. Mithilfe der InfraLeuna GmbH, der Eigentümerin und Betreiberin der Infrastruktureinrichtungen, entwickelte sich ein hochmoderner Industriestandort mit über 100 Unternehmen und ca. 9 000 Arbeitsplätzen. 6 Mrd. Euro wurden investiert und die Produktivität verzehnfacht. Ökologie und Sicherheit sind im neuen Chemiepark streng geachtete Kriterien. Heute ist Leuna mit einer Fläche von 1300 Hektar der größte Chemiestandort Deutschlands. Schritt für Schritt wachsen hier auch Forschungs- und Entwicklungskompetenz, so entsteht mit einem Frauenhofer-Zentrum eine zukunftsweisende Plattform zur Entwicklung neuer weißer Biotechnologie-Verfahren.

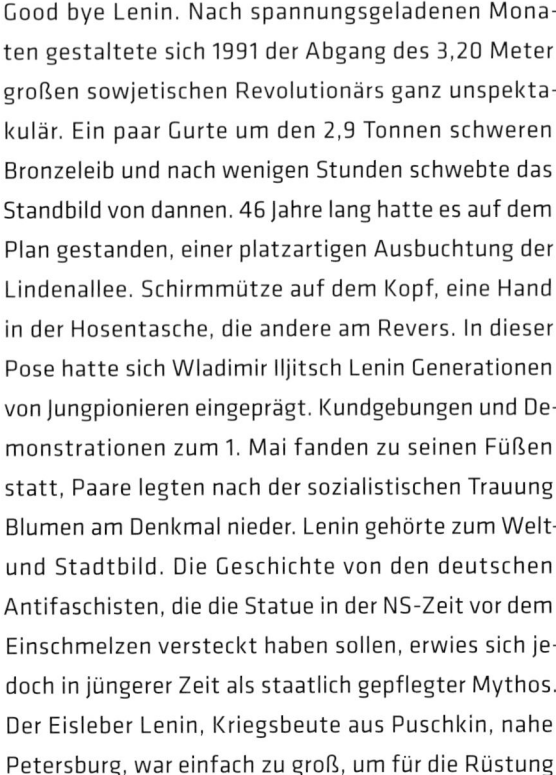

Good bye Lenin. Nach spannungsgeladenen Monaten gestaltete sich 1991 der Abgang des 3,20 Meter großen sowjetischen Revolutionärs ganz unspektakulär. Ein paar Gurte um den 2,9 Tonnen schweren Bronzeleib und nach wenigen Stunden schwebte das Standbild von dannen. 46 Jahre lang hatte es auf dem Plan gestanden, einer platzartigen Ausbuchtung der Lindenallee. Schirmmütze auf dem Kopf, eine Hand in der Hosentasche, die andere am Revers. In dieser Pose hatte sich Wladimir Iljitsch Lenin Generationen von Jungpionieren eingeprägt. Kundgebungen und Demonstrationen zum 1. Mai fanden zu seinen Füßen statt, Paare legten nach der sozialistischen Trauung Blumen am Denkmal nieder. Lenin gehörte zum Welt- und Stadtbild. Die Geschichte von den deutschen Antifaschisten, die die Statue in der NS-Zeit vor dem Einschmelzen versteckt haben sollen, erwies sich jedoch in jüngerer Zeit als staatlich gepflegter Mythos. Der Eisleber Lenin, Kriegsbeute aus Puschkin, nahe Petersburg, war einfach zu groß, um für die Rüstung

verhüttet zu werden. Unbeachtet lag er auf dem Schrottplatz der Krug-Hütte der Mansfeld AG. Die Kommunisten hatten ihn nicht versteckt – aber bei Kriegsende mitten in der Stadt aufgestellt. Als die Russen am 2. Juli 1945 Eisleben von den Amerikanern übernahmen, staunten sie nicht schlecht. Mit der politischen Wende schlug für viele Lenins im Land die letzte Stunde. Nicht allen passte damals die Demontage der kommunistischen Leitfigur. Eislebens Nachwendebürgermeister Peter Pfützner wurde von einem „Kommando Lenin" mit der „Todesstrafe" bedroht. Als der Stadtrat beschloss, Lenin wieder vom Sockel zu heben, „war es ein Glücksfall, dass in jenen Tagen das Angebot vom Deutschen Historischen Museum in Berlin kam, das Denkmal aufzunehmen", erinnert sich Peter Pfützner. Denn weder der Verbleib noch die Zerstörung wäre für ihn infrage gekommen. Heute wachsen Gras und Büsche über den kleinen Platz. Die kuriose Geschichte vom Eisleber Lenin hat sich aber fest in die Annalen der Stadt eingeschrieben.

Martin Luther erblickte am 10. November 1483 in einem spätmittelalterlichen Fachwerkhaus im Petriviertel, in der heutigen Lutherstraße, das Licht jener Welt, die er so nachhaltig verändern sollte. Schon 1583 wurde das Geburtshaus des großen Reformators mit einer Gedenktafel gekennzeichnet. Nach dem Stadtbrand im Jahr 1689 von der Stadt leicht verändert wieder aufgebaut, wurde das Gebäude in den folgenden 300 Jahren immer wieder restauriert und umgestaltet. Bereits Ende des 17. Jahrhunderts öffnete dort ein Museum. Damit ist Luthers Geburtshaus eines der ersten Geschichtsmuseen im deutschsprachigen Raum. Im Vorfeld der Feiern zum 500. Geburtstag des Reformators fand von 1979 bis 1983 die bis dahin größte Sanierung in der Geschichte des Lutherhauses statt. Dennoch durchzogen 20 Jahre später tiefe Risse das Mauerwerk, die Decke im „Schönen Saal" drohte einzustürzen, Holzbalken waren von Schädlingen befallen. 2005 begann die zweijährige umfassende Sanierung des inzwischen zum UNESCO-Weltkulturerbe zählenden Geburtshauses. Zwischen diesem und der Armenschule im hinteren Hofbereich entstand ein modernes Verbindungsgebäude. Ein neues Besucherzentrum am gegenüberliegenden Straßeneck ergänzt das nun hufeisenförmige Ensemble, sodass die Dauerausstellung „Von daher bin ich – Martin Luther und Eisleben" auf insgesamt 700 Quadratmeter erweitert werden konnte. Für die gelungene Gestaltung wurden das Berliner Büro Springer Architekten sowie die Stiftung Luthergedenkstätten in Sachsen-

Anhalt als Bauherrin mehrfach ausgezeichnet. „Den Architekten gelingt es, den Geist des Ortes nicht nur zu erhalten, sondern durch die baulichen Eingriffe noch zu verstärken", lobt die Zeitschrift des Bundes Deutscher Architekten die sensible Symbiose von Alt und Neu. Die Kosten für das Projekt von insgesamt 3,7 Mio Euro trugen die Europäische Union, der Bund, das Land Sachsen-Anhalt, die Lutherstadt Eisleben sowie die Stiftung Luthergedenkstätten.

In die Gebete der Wendebewegung von 1989 wurden auch die Cranach-Höfe eingeschlossen. „Wo Häuser verkommen, verkommen auch Menschen", provozierte ein Plakat an der maroden Hauswand der Schloßstraße 1, hinter der sich einst die berühmte Werkstatt des Lucas Cranach befand. 1505 hatte der kunstsinnige Kurfürst Friedrich der Weise den Künstler an seinen Hof in Wittenberg berufen. Cranach, viele Jahre auch Bürgermeister der Stadt und ein äußerst geschickter Geschäftsmann, besaß mehrere Grundstücke in Wittenberg. Die heute nach ihm benannten Hofbauten Markt 4 und Schloßstraße 1 entgingen in den 1980er Jahren nur knapp dem Untergang. Eine Bürgerinitiative setzte sich für ihre Rettung ein. Der Gesprächskreis „Junger Erwachsener", der sich bereits seit 1982 unter der Leitung von Pfarrer Friedrich Schorlemmer traf, bereitete einen Aufruf zur Rettung der Cranach-Höfe vor, der am 7. November 1989 in den Wittenberger Kirchen verlesen wurde. Unterschriften wurden gesammelt, erste Beräumungs- und Sicherungsarbeiten vorgenommen, eine Broschüre gedruckt, Visionen entwickelt. „Guter Wille ist da, doch es fehlt Geld", konstatierte 1990 das Zeit-Magazin und sorgte so für öffentliche Aufmerksamkeit und erste D-Mark-Spenden. Noch im selben Jahr entstand der Förderverein „Cranach-Höfe", als erster eingetragener Nachwendeverein Wittenbergs, 1994 die Cranach-Stiftung. Auch mit Unterstützung der Deutschen Stiftung Denkmalschutz, die zwischen 1992 und 2007 rund 500 000 Euro für die Wiederherstellung des wertvollen Gebäudekomplexes zur Verfügung stellte, konnten die Gebäude schließlich gerettet werden. Manchmal kann Eva Löber, die für ihre Verdienste um den Erhalt der Cranach-Höfe 2008 das Bundesverdienstkreuz erhielt, noch immer nicht glauben, dass die Träume von einst Wirklichkeit wurden. In den Cranach-Höfen, inzwischen Baudenkmal von nationaler Bedeutung, wirkt heute ein lebendiges Kunst- und Kulturzentrum. Nach historischem Vorbild gibt es wieder eine Malschule, Galerien, sieben Künstlerwerkstätten mit Druckerstube, eine Apotheke und einen Weinausschank. 2009 eröffnete die Cranach-Herberge.

Die SKW Piesteritz ist mit einer Produktion von drei Mio Tonnen Deutschlands größter Produzent von Ammoniak und Harnstoff. Der Standort hat eine fast 100-jährige Geschichte. 1915 beauftrage das Reichsschatzamt die Bayerrische Stickstoffwerke AG mit der Gründung des Reichsstickstoffwerkes Piesteritz. Ammoniak und Salpetersäure wurden als Basisstoffe für Schießpulver und Sprengstoff benötigt. Auch im Zweiten Weltkrieg war die Produktion des Werkes vor allem auf kriegswichtige Erzeugnisse ausgerichtet. Im April 1945 nahm es bei einem alliierten Luftangriff erheblichen Schaden. Wenige Tage später von den Sowjets besetzt, unterlag es nun der neuen Planwirtschaft, die zunächst die Herstellung von Leim für Holz und Papier, Gartendünger, Backpulver, Aceton, Kristallsoda und Haarwasser vorsah. Seit 1953 VEB Stickstoffwerke Piesteritz, wurden Schritt für Schritt neue Anlagen errichtet und die Produktpalette stetig erweitert. 1970 startete der Bau zweier moderner Ammoniak- und der Harnstoffgroßanlagen und ka-

tapultierte das Werk als VEB Kombinat Agrochemie Piesteritz in die Reihe der chemischen Großbetriebe der DDR. 1989 aber konnten die meisten Produktionsstätten weder technologisch noch ökonomisch und schon gar nicht ökologisch bestehen. Ein Runder Tisch tagte im Stickstoffwerk. Die Betriebszeitung veröffentlichte als eine der ersten DDR-Medien katastrophale Umweltdaten. Die weitsichtigen Analysen der ersten Wendestunden sicherten das Fortbestehen des Stickstoffwerkes, obwohl die Stilllegung etlicher Produktionsbereiche, so auch des fast kompletten Südwerkes (der größten Dreckschleuder des Werkes), viele Arbeitsplätze erübrigte. 1993 wurde die SKW Stickstoffwerke Piesteritz GmbH als Tochtergesellschaft der SKW Trostberg AG gegründet. Mit fast 800 Arbeitsplätzen ist das Unternehmen (heute eine 100-prozentige Tochter des tschechischen Agrofert-Konzerns) ein wichtiger Wirtschaftsfaktor für die gesamte Region.

Mit dem Aufbau des Reichsstickstoffwerkes Piesteritz entstand zwischen 1916 und 1919 eine Werkssiedlung, die zu den wichtigsten Zeugnissen des Städtebaus zu Beginn des 20. Jahrhunderts zählt. Auf einer zwölf Hektar großen Fläche in unmittelbarer Nähe des Werkes gestalteten Paul Schmitthenner und Otto Rudolf Salvisberg eine sozialreformerische Siedlung für alle Beschäftigten, vom Arbeiter bis zum Betriebsdirektor. Entsprechend der Hierarchie gab es unterschiedliche Haustypen, alle Wohnungen aber besaßen Innen-WC, Bad und einen Garten. Da die meisten Industriearbeiter aus Bayern und aus dem Rheinland kamen, wurde sogar eine katholische Kirche erbaut. Werkswohnungen, bis zum Ersten Weltkrieg vorrangig eine Angelegenheit einzelner Privatunternehmen, unterlagen in dieser Zeit als Teil eines neuen Wirtschaftsmodells (des sogenannten Etatismus) dem staatlich gelenkten Wohnungsbau. 1917 hatte die Oberste Heeresleitung ein allgemeines Bauverbot erlassen, doch in Piesteritz durfte der Siedlungsbau für die Arbeiter der kriegsbedingt notwendigen Produktion weitergehen. Als Teil der Kriegswirtschaft lange aus dem öffentlichen Bewusstsein getilgt, gewann die Werkssiedlung in den 1970er Jahren im Zusammenhang mit der Renaissance der Moderne wieder an Beachtung. 1986 wurde sie in die Denkmalliste der DDR aufgenommen, dennoch bröckelten die Fassaden. Dem Versuch der Übergangs-Eigentümergesellschaft, der Siedlung den Denkmalstatus aberkennen zu lassen, um die Häuser einzeln verkaufen zu können, stellten sich 1991 Bauhaus, Denkmalbehörde, Stadtverwaltung, Siedlungsverwaltung und der Verein Industrielles Gartenreich erfolgreich entgegen. Die Siedlung sollte unter sozialen und denkmalpflegerischen Maßgaben als Gesamtdenkmal erhalten werden. 1993 übernahm die Bayernwerk AG München das gesamte Siedlungsareal, das mit 372 Wohnungseinheiten als Expo-Projekt im Jahr 2000 für gut 50 Mio Euro saniert werden konnte. Kein Mieter musste dafür die heute autofreie Mustersiedlung verlassen. Keine Wohnung steht leer, denn Piesteritz zählt wieder zu den schönsten Werkssiedlungen in Deutschland.

Im November 1632 nahm Albrecht von Wallenstein auf dem Weg nach Leipzig im Schloss zu Lützen Quartier. Doch schon bald ereilte ihn sein Feind, König Gustav II. Adolf. 9 000 Menschen starben in der erbitterten Schlacht bei Lützen. Auch der Schwedenkönig verlor „in Rauch und Nebel" sein Leben. Die Stadt brannte. Wallenstein hatte Lützen aus strategischen Gründen anzünden lassen. Das Schloss aber, einst eine Burg, die im Stil der Renaissance in ein Wohnschloss umgewandelt wurde, behielt seine äußere Gestalt, bis 1825 der Gastwirt Patzschke das obere Geschoss samt Dach abtragen ließ. Ab 1884 im Besitz der Stadt als Schul- und Wohngebäude genutzt, wurde 1928 der erste Schlossraum für museale Zwecke hergerichtet. 1945 durch Artilleriebeschuss beschädigt, deckte eine amerikanische Luftmine das Schlossdach ab und zerstörte sämtliche Fensterscheiben. Viele wertvolle Exponate verschwanden in dieser Zeit. 1956 wiedereröffnet, nahm das Museum immer mehr Raum im Schloss ein, der größte davon war der Geschichte der Arbeiterbewegung gewidmet. Seit 1980 ist das ganze Schloss Lützen ein Museum. Doch die Mauern bröckelten. Der damalige Museumsleiter warnte vor den Bauschäden: „Schließlich besteht Gefahr für Leben und Gesundheit (...) durch herabstürzende Steine aus dem defekten Turmgemäuer". Ab 1991 konnte das Schloss für insgesamt 2,5 Mio Euro umfassend saniert werden. Der Turm und sämtliche Dächer wurden repariert, die Fassaden verputzt und die Ausstellungsräume ausgebaut. Themenschwerpunkte sind heute, neben den Befreiungskriegen und dem Dichter Johann Gottfried Seume („Wanderer nach Syrakus"), der Dreißigjährige Krieg und die Schlacht bei Lützen, die ein aus 3 600 Zinnfiguren bestehendes Diorama darstellt. Seit 2007, anlässlich der Schau zum 375. Todestag Gustav II. Adolfs, präsentiert sich das Museum mit modernster Ausstellungstechnik. 2012 widmet sich das Museum Albrecht von Wallenstein und der Schlachtfeldarchäologie.

Wo einst ein grauer DDR-Plattenbau stand, erhebt sich die GRÜNE ZITADELLE, das letzte Gebäude des österreichischen Architekten Friedensreich Hundertwasser. „Als Fotomotiv für Touristen ist der in Beton und Butzenscheibenästhetik gegossene Kindheitstraum eines notorischen Weltverbesserers schon jetzt kaum zu toppen", schrieb der Berliner Tagesspiegel. Manch Magdeburger hingegen tat sich damit schwer. Ein Mietermagazin sprach gar von „gefälligem Gekringel", von „Kitsch und Marzipanbeton" und musste doch zugeben, dass dieses „organische Hundertwasser-Flair" aus tanzenden Fenstern, unzähligen Bögen, Türmchen, goldenen Kugeln, unebenen Wand- und Bodenverläufen sowie blühenden Wiesen auf den Dächern auf andere farbenfroh und formenreich wie ein Märchenschloss wirken kann. Vor allem aber erzürnte einige die Verortung im südlichen Stadtzentrum, dem historischen Herzstück Magdeburgs, zwischen goti-

schem Dom, der romanischen Klosterkirche „Unserer lieben Frau" und dem barocken Landtagsgebäude. Der Domplatz ist der älteste Siedlungskern Magdeburgs. Friedensreich Hundertwassers Haus bildet einen neuzeitlichen Kontrapunkt. „Die GRÜNE ZITADELLE von Magdeburg ist ein Gebäude, das sich traditionsgebunden mit einer gewissen Strenge perfekt in die Umgebung des Domplatzes einfügt und dennoch revolutionär und innovativ ist, weil es in die Zukunft weist, in der die Natur und die Träume des Menschen wieder einen Stellenwert erhalten", schrieb Friedensreich Hundertwasser 1999, ein Jahr vor seinem Tod. Ursprünglich wollte die Wohnungsbaugenossenschaft „Stadt Magdeburg von 1954" eG., den einst hier stehenden Plattenbau von Hundertwasser nur umgestalten lassen. Aus dem Umbau wurde ein Neubaukonzept, dessen Realisierung 2002 die GERO-AG übernahm. 2005 wurde die GRÜNE ZITADELLE eingeweiht. Ein lebendiger Ort mit vielen Wohnungen, mit Büros, Läden, Café, Restaurant, Theater, Hotel und Kindergarten. „Eine Oase der Menschlichkeit", wie Friedensreich Hundertwasser sie nannte, nicht nur in der Form, sondern auch im Inhalt.

Mit dem Aufsehen erregenden Magdeburger Halbkugelversuch beeindruckte Otto von Guericke 1654 den Reichstag zu Regensburg – die Kraft von 16 Pferden reichte nicht, um die metallenen Halbkugeln zu trennen, die im Vakuum verbunden waren. Otto von Guericke gilt als Vorreiter der Experimentalphysik, war Gelehrter, Diplomat, Bürgermeister, Naturforscher, Philosoph, Ingenieur. Die noch junge, 1993 gegründete Universität in der zwölfhundert Jahre alten Landeshauptstadt Sachsen-Anhalts ist nach dem großen Wissenschaftler benannt und hat ihre Wurzeln in den drei renommierten Magdeburger Hochschulen: In der Technischen Universität, der Pädagogischen Hochschule sowie der Medizinischen Akademie. Guerickes Universalität spiegelt sich im Profil dieser modernen Universität von heute wider, denn traditionelle Schwerpunkte sind die Ingenieur-

und Naturwissenschaften sowie die Medizin, Wirtschafts-, Geistes- und Sozialwissenschaften werden als unerlässliche Disziplinen für eine moderne Universität in der Informations- und Wissensgesellschaft verstanden. Durch die Breite und Vielfalt ihrer Disziplinen profilieren sich Spezialrichtungen wie die Neurowissenschaften, Immunologie, Nichtlineare Systeme, Neue Materialien, Prozesse und Produkte, Visualistik, Gesellschaftliche Transformation sowie Kommunikation und Kultur. Heute sind nahezu 14 000 Studierende an den neun Fakultäten eingeschrieben. 79 Studiengänge mit verschiedensten Studien- und Vertiefungsrichtungen eröffnen den Studierenden eine große Auswahl an Kombinationsmöglichkeiten und hohe Flexibilität in einer Lernumgebung mit modernster Ausstattung und einem optimalen Betreuungsverhältnis von Studierenden und Lehrenden sowie eine große Praxisnähe der Ausbildung. Die Otto-von-Guericke-Universität versteht sich aufgrund ihrer Lage in der Mitte Deutschlands und ihrer Geschichte als Brücke zwischen West- und Osteuropa und stellt sich eine umfassende Internationalisierung von Forschung und Lehre zur Aufgabe.

Truppen das Werksgelände – über 3 000 Zwangsarbeiter und Kriegsgefangene wurden befreit.

Zwischen verschiedenen Energieanbietern wählen zu können, war zu DDR-Jahren ebenso undenkbar, wie in das Land seiner Wahl zu reisen. Insofern ist der neue Stammsitz von regiocom, dem führenden freien Abrechnungsdienstleister für den liberalisierten Energiemarkt in Deutschland, durchaus ein Symbol für einen gravierenden Wandel. Dahinter steht auch eine unternehmerische Erfolgsgeschichte: 1996 im Barlebener Innovations- und Gründerzentrum als Telekommunikationsdienstleister entstanden, hat sich regiocom in wenigen Jahren zu einem der gefragtesten deutschen Outsourcing-Dienstleister in der Energiewirtschaft entwickelt. Seit 2009 arbeitet regiocom mit über 1000 Mitarbeitern in dem Industriegebäude in der Marienstraße. Einst war es das Verwaltungsgebäude der Grusonwerke. Hermann Gruson verdiente sein Geld mit Maschinenbau, Eisenbahnzulieferungen und Rüstungstechnik. 1892 übernahm Krupp das Gruson-Werk, das im Zweiten Weltkrieg Ziel alliierter Luftangriffe wurde. Im April 1945 erreichten amerikanische

Ab 1951 wurde das inzwischen unter sowjetischer Verwaltung stehende Werk von Rosa Thälmann, der Witwe des im KZ Buchenwald ermordeten Kommunisten, in „VEB Schwermaschinenkombinat Ernst Thälmann" umbenannt. Im Juli 1990 aufgelöst, scheiterten alle folgenden Privatisierungs- und Sanierungsversuche. Jahrelang lag das Werksgelände brach. 2007 fand dort die regiocom GmbH, die bislang auf vier verschiedene Standorte verteilt war, ihr neues Zentrum. Seit 2008 investierte das Unternehmen in Gebäude und Gelände. Die Hürden zwischen Denkmal- und Brandschutz wurden genommen. Historische Details, wie die alten gusseisernen Säulen mit schmucken Kapitellen, große Teile des alten Parketts und der Fußbodendielen blieben erhalten und zieren nun lichtdurchflutete Büros. „Die Verbindung von historischem Industriellentum und moderner Transparenz macht den besonderen Reiz des Komplexes aus", heißt es in der Festschrift zur Einweihung des regiocom-Stammsitzes in der Marienstraße 1 in Magdeburg.

Fußball ist der Magdeburger liebste Sportart. Schon um die Jahrhundertwende galt die Stadt als Hochburg des neumodischen englischen Spiels. Heute wird auf Bolzplätzen und in Vereinen gespielt. Einer der größten und traditionsreichsten Fußballvereine ist mit mehr als 1300 Mitgliedern der 1. FC Magdeburg e. V. Ein noch junger, aber sehr erfolgreicher Fußballverein ist der Magdeburger Frauenfußballclub, der mit seiner 1. Frauen-Mannschaft in der 2. Bundesliga spielt. Eine Ära der Magdeburger Fußballgeschichte endete im März 2005 mit dem Abriss des alten Ernst-Grube-Stadions, das Ende der 1950er Jahre aus den Trümmern der zerstörten Stadt errichtet wurde. Dafür bewegten Magdeburger Bürger weit mehr als 100 000 Kubikmeter Schutt. In den 1970er Jahren gewann hier der 1. FC Magdeburg drei Meistertitel in der Oberliga und einen Europapokal. 1991 jedoch verfehlte der FCM die Qua-

lifikation für den gesamtdeutschen Profifußball. Die Zuschauerzahlen sanken, das Stadion verfiel. Trotz des Abstiegs in die Regionalliga beschloss der Magdeburger Stadtrat schließlich den Abriss des Ernst-Grube-Stadions und – nicht unumstritten – den kompletten Neubau einer Fußballarena mit Rasenheizung sowie 22 500 überdachten Sitz- und 4 500 Stehplätzen. Zudem entstanden ein viergeschossiges Hauptgebäude, in dem Räume für die Sportler, Feuerwehr, Polizei, Medien und Technik untergebracht sind, sowie über 1200 Parkplätze im unmittelbaren Umfeld: Baukosten 30,9 Mio Euro. Im Dezember 2006 wurde im Beisein von Franz Beckenbauer die neue Heimspielstätte des 1. FC Magdeburg eröffnet. Doch in Magdeburg sind nicht nur die Bedingungen für den Fußballsport optimal. Rings um das Stadion befindet sich einer der modernsten Sportkomlexe Deutschlands u. a. mit Olympiastützpunkt, Sportschulen, einem Leichtathletikstadion und vier weiteren Fußballfeldern. Die Leichtathletikhalle wurde 2006 für 6,8 Mio Euro erbaut. Die Bördelandhalle ist die größte Mehrzweckhalle des Landes für Sport und Show. Immer wieder begeistern hier auch die Handballer des SC Magdeburg bei ihren Punktspielen in der 1. Handball-Bundesliga Tausende Zuschauer.

In Magdeburg wuchs zusammen, was zusammengehört: das west- und das ostdeutsche Wasserstraßennetz. Als eines der bedeutendsten Vorhaben des Verkehrsprojektes Deutsche Einheit Nr. 17 öffnete 2003 das Wasserstraßenkreuz Magdeburg der modernen Binnenschifffahrt und der Freizeitschifffahrt den Weg von Hannover über Magdeburg nach Berlin. Bislang mussten die Schiffe einen 12 Kilometer langen Umweg fahren, immer auch abhängig von wechselnden Wasserständen der Elbe. Bereits in den 30er Jahren des 20. Jahrhunderts war geplant, eine Kanalbrücke über die Elbe zu bauen und damit die letzte Lücke der durchgehenden Wasserstraßenverbindung zwischen Rhein und Oder zu schließen. Um den Mittellandkanal und den Elbe-Havel-Kanal zu verbinden, wurde 1934 mit dem Bau der Kanalbrücke über die Elbe begonnen. Kriegsbedingt mussten die Bauarbeiten 1942 eingestellt werden. 1998 wurden die alten Betonpfeiler

aus den 1930er Jahren gesprengt. Für 130 Mio Euro entstand dann die längste Kanalbrücke der Welt. Sie ist das Kernstück des Wasserstraßenkreuzes und eine technische Meisterleistung aus 24 000 Tonnen Stahl und 68 000 Kubikmetern Stahlbeton. Heute können 110 Meter lange Großmotorgüterschiffe und 185 Meter lange Schubverbände mit 11 Meter Breite und 2,80 Meter Landungstiefgang sowie einer Tragfähigkeit von 3 000 Tonnen diesen Wasserweg nutzen. Die 918 Meter lange Trogbrücke überspannt mit einer Breite von 32 Metern und einer Wassertiefe von 4,25 Meter, einer gigantischen Wanne gleich, die Elbe. Die Höhenunterschiede zwischen dem Mittellandkanal und dem Rothenseer Verbindungskanal bzw. der Elbe werden durch die Schleuse Rothensee mit einer neuen Einkammerschleuse und zwischen dem Niveau des Mittellandkanals und dem Elbe-Havel-Kanal durch die neue Doppelkammerschleuse in Hohenwarthe überwunden. Stabile Wasserstandsbedingungen sind garantiert und Transporte langfristig planbar. Mit dem Ausbau der Wasserstraßenverbindung wurde eine umweltschonende und sichere Alternative für den Transport von Schwerlasten und Containern zwischen den Nordseehäfen, den westdeutschen Industriezentren sowie den Regionen Magdeburg und Berlin-Brandenburg geschaffen.

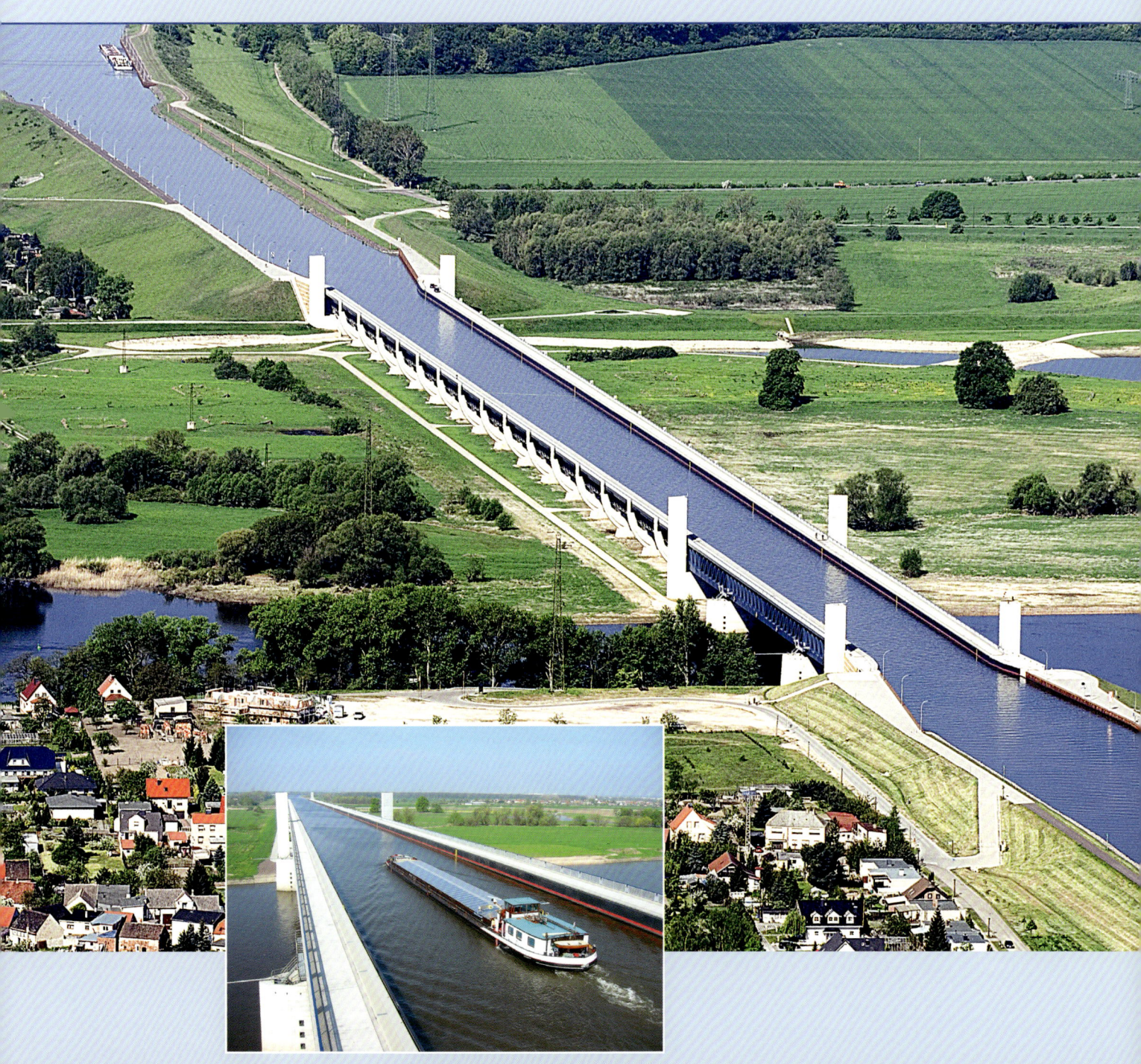

wobei Kubatur, die Dachformen sowie wesentliche Gestaltungsmerkmale der Fassaden des früheren Silos wieder in ihrer ursprünglichen Form gestaltet wurden. Seit Ende 2007 ist die Denkfabrik ein „Ort im Land der Ideen", der für Zukunftsfähigkeit und Ideenreichtum in Deutschland steht. So erobern sich die Magdeburger ihren

Heureka – alles fließt, die Elbe vor den Fenstern der Denkfabrik, dahinter der Strom der Gedanken. Die Denkfabrik im nördlichen Teil der Magdeburger Hafenanlagen ist der Leuchtturm des neuen Wissenschaftshafens. In unmittelbarer Nähe zur Otto-von-Guericke-Universität, dem Frauenhofer- und dem Max-Planck-Institut und anderen Wissenschaftseinrichtungen sind auf rund 4 600 Quadratmetern Forschungsflächen und Räume für innovative Unternehmen entstanden. 9,5 Mio Euro wurden in die Denkfabrik investiert. Der größte Teil der Summe – rund sieben Mio Euro – waren Urban-21-Fördermittel aus dem Europäischen Fonds zur Regionalen Entwicklung (EFRE) sowie aus der Städtebauförderung, die sich Bund, Land und Stadt teilten. Die Denkfabrik besteht aus einem ehemaligen Speicher und einem Getreidesilo. Der Speicher wurde komplett saniert und umgebaut, das Silo fast vollständig neu errichtet,

Fluss als Kultur- und Naturraum zurück. Lange war das stadtseitige Ufer der Elbe mit Industrie-, Eisenbahn- und Hafenanlagen zugebaut. Aus dem 1893 eingeweihten Magdeburger Handelshafen, der 1945 fast völlig zerstört wurde, gründete sich 1957 der „VEB Binnenhafen Mittelelbe Magdeburg". Doch bis 1990 kam der Warenumschlag fast völlig zum Erliegen. Nur noch einige Speicherbauten zeugten von einstiger Blütezeit. Inzwischen entsteht hier ein lebendiges Stadtquartier. Die Magdeburger arbeiten, wohnen und spazieren wieder am Wasser. Der Hafen dient nun statt dem Güter-, dem Innovations- und Wissenstransfer. Der Umbau des alten Handelshafens, einer von drei Schauplätzen, mit denen Magdeburg an der Internationalen Bauausstellung (IBA) Stadtumbau Sachsen-Anhalt 2010 teilnahm, ist sichtbares Zeichen vom Wandel der „Stadt des Schwermaschinenbaus" zur Stadt des Wissenschaft.

Magdeburg ist mehrfach zerstört worden, doch erst der Zweite Weltkrieg hatte die Prophezeiung des Poeten Petrus Lotichius aus dem 17. Jahrhundert "Du schönes Magdeburg wirst einem Sodom gleichen", schreckliche Wahrheit werden lassen. Etwa 80 Prozent der Altstadt und 30 Prozent der Vorstädte wurden von den Alliierten zerbombt. Der letzte, schwerste Angriff am 16. Januar 1945 kostete etwa 16 000 Menschen das Leben. Von 107 000 Wohnungen waren 41 000 vernichtet. Die ersten stadtplanerischen Konzepte, mit denen auch die Lücken zwischen Bahnhof und Elbe wieder geschlossen werden sollten, fielen dem 1950 erlassenen „Aufbaugesetz" zum Opfer. Berlin forderte die Schaffung eines „zentralen Platzes", geeignet für Aufmärsche mit bis zu 150 000 Menschen. Sämtliche Baukapazitäten konzentrierten sich in der Bezirkshauptstadt Magdeburg zunächst auf diesen Platz in der Wilhelm-Pieck-Allee (heute Ernst-Reuter-Allee), für den Walter Ulbricht im

Mai 1953 den Grundstein legte. Mit dem Ausbau der Allee als neue Ost-West-Magistrale, deren Planung mehrfach Überarbeitungen unterlag, wurde der historische Stadtgrundriss weitgehend ignoriert. Zu den Opfern des sozialistischen Wiederaufbaus zählte 1956 auch die Ulrichskirche, die wie fast alle Magdeburger Gotteshäuser, den Krieg als Ruine überlebt hatte. Als 1990 ein neues Kapitel in der Stadtenwicklung Magdeburgs begann, wurde die Gestaltung des Bereiches zwischen Bahnhof und Elbufer zentrales Thema. Die etwa 30 000 Quadratmeter große Stadtbrache des Zentralen Platzes war Herausforderung und Chance zugleich für die sich zu einem Verwaltungs- und Dienstleitungszentrum entwickelnde Landeshauptstadt. So entstanden moderne Wohn-, Einkaufs- und Bürobauten aus Glas, Stahl und Beton. Mit dem „City-Carré" am Bahnhof, das mit seiner Blockbebauung die Struktur und Straßenräume der gründerzeitlichen Stadterweiterungen wieder aufnimmt, mit dem „Ulrichshaus" und dem "Allee-Center" am Zentralen Platz wurden große Lücken geschlossen.

An der Bundesautobahn 2 zwischen Helmstedt und der Ausfahrt Alleringersleben liegt die Gedenkstätte Deutsche Teilung Marienborn. Sie befindet sich im Kernbereich der ehemaligen DDR-Grenzübergangsstelle (GÜSt) Marienborn. Bis 1989 galt dieser Ort als Nadelöhr zwischen Ost und West. Ursprünglich am 1. Juli 1945 als Alliierte Kontrollstelle eingerichtet, entwickelte sie sich im Verlauf des Kalten Krieges zur größten und bedeutendsten Grenzübergangsstelle an der ehemaligen innerdeutschen Grenze. Allein im Zeitraum von 1985 bis 1989 wurden hier 34,6 Millionen Reisende abgefertigt. Zuletzt arbeiteten auf der GÜSt etwa 1000 Menschen als Angehörige der Grenztruppen, der Passkontrolleinheit des Zolls oder als Zivilbeschäftigte. Am 9. November 1989 konnten DDR-Bürger das einstige Nadelöhr uneingeschränkt passieren. Kilometer-

lang stauten sich die Zweitakter-Kolonnen auf der A 2. Ein halbes Jahr später, am 30. Juni 1990 um 24 Uhr – auf den Tag genau nach 45 Jahren – wurden die Grenzkontrollen eingestellt. Am 13. August 1996 eröffnete der damalige Ministerpräsident Reinhard Höppner die Gedenkstätte Deutsche Teilung Marienborn zunächst als Gedenkstätte im Aufbau. Inzwischen gilt die Einrichtung mit jährlich bis zu 190 000 Besuchern als Gedenkort von nationaler Bedeutung. Seit 2009 wird die Gedenkstätte daher zusätzlich gefördert durch den Bundesbeauftragten für Kultur und Medien. Im ehemaligen Stabsgebäude ist heute das Besucherinformationszentrum. Hier können die Dauerausstellung und temporäre Sonderausstellungen besichtigt werden. Auf dem Gedenkstättengelände sind außerdem die ehemaligen Abfertigungsbereiche für einreisende LKW und PKW, die Kontrollgarage im Zollbereich sowie der Kommandoturm der Grenztruppen zu sehen. Seit Januar 2004 ist das 18 km entfernte Grenzdenkmal Hötensleben Teil der Gedenkstätte Deutsche Teilung. Auf einer Länge von 350 Metern und einer Fläche von 6,5 Hektar ist die hier von der ehemaligen DDR errichtete innerdeutschen Grenze authentisch und relativ vollständig erhalten geblieben.

Merseburg, noch bis zur Wende hauptsächlich Industriestadt, nennt sich heute Dom- und Hochschulstadt. Die Wurzeln der akademischen Ausbildung in Merseburg reichen bis in das Jahr 1954 zurück, als auf dem heutigen Campusgelände die Technische Hochschule „Carl Schorlemmer" gegründet wurde. Heute befinden sich auf dem 42 Hektar großen Gelände die Ausbildungsstätten der 1992 neu gegründeten Hochschule Merseburg: 28 Gebäude bzw. Gebäudeteile zwischen Sportanlagen und weitläufigen Grünflächen, die seit 2006 umfangreich saniert wurden. Nach gut fünfjähriger Bauzeit wurde der für rund 50 Mio Euro sanierte Campus festlich eingeweiht. 28 Mio Euro kamen von der Europäischen Union, der andere Teil vom Land Sachsen-Anhalt, etwa auch für die denkmalgerechte Wiederherstellung und Modernisierung des Hauptgebäudes, dessen markante Fassade von der DDR-Moderne der 1950er Jahre geprägt ist. Der Gebäudekomplex definiert sich optisch über die starke Formensprache seines nach außen tretenden Tragwerks. Das Stützen-Riegel-System aus Stahlbeton dominiert sämtliche Fassaden. Zwischen Stützen und Riegeln werden die übrigen Wandflächen durch großformatige Verglasungen und Mauerwerksbrüstungen mit einer Spaltklinkerverkleidung gebildet. Heute verfügt die Hochschule Merseburg über eines der modernsten Campusgelände in Mitteldeutschland. Etwa 2900 Studenten wurden im Wintersemester 2010/11 von über 80 Professoren in den Bachelor- und Masterstudiengängen der vier Fachbereiche Informatik und Kommunikationssysteme, Ingenieur- und Naturwissenschaften, Soziale Arbeit/Medien/Kultur und Wirtschaftswissenschaften betreut. Darüber hinaus bietet die Hochschule Merseburg eine Reihe von Weiterbildungsangeboten an.

In Merseburg, eine der ältesten Städte Mitteldeutschlands, residierten römisch-deutsche Könige und Kaiser, Bischöfe und Beamte. Im 20. Jahrhundert entwickelte sich Merseburg vor allem zur Wohnstadt für die Arbeiter der Chemiewerke von Buna und Leuna. Während am Stadtrand Neubaugebiete wuchsen, entschied die SED-Regierung die „ komplexe Rekonstruktion" der teilweise kriegszerstörten und vernachlässigten Altstadt. Sozialistische Rekonstruktion bedeutete: großflächiger Abriss historischer Bausubstanz und Ersatz durch Plattenbauten. Was der Abrissbirne entkam, übernahm der Zahn der Zeit. Als 1989 sich die Bürgerproteste auch gegen den barbarischen Umgang mit der einst so stolzen Stadt wendeten, war es fast zu spät. 1992 wurde eine Erhaltungssatzung für die historische Bausubstanz beschlossen. In dem rund 90 Hektar großen Sanierungsgebiet gelang es seitdem, viele Häuser vor dem Verfall zu retten. Ein Schwerpunkt der städtebaulichen Entwicklung war das Dom- und Schlossensemble. Nur 200 Meter von Dom und Schloss entfernt, entstand 1892 – 95 das monumentale Ständehaus als Sitz des Parlaments der preußischen Provinz Sachsen. Ab 1949 „Haus der Kultur", soll laut damaliger Propaganda im Eckzimmer des Turmes unter Leitung Walter Ulbrichts die Bodenreform für Sachsen erarbeitet worden sein. Mit der politischen Wende stellten Kulturbund und Gaststätte ihre Arbeit hier ein. Das Ständehaus wurde 1992 an das neu gegründete Land Sachsen-Anhalt rückübertragen, stand nun aber leer und nahm daran sichtbar Schaden. 1998 erwarb die Stadt Merseburg das Ständehaus und begann noch im selben Jahr mit der Sanierung. Die Bestandsaufnahme war dramatisch, allein an 25 verschiedenen Stellen drang Regenwasser ein. Löcher in der Bleiglaskuppel, Hausschwamm im Kleinen Saal, Schimmelpilz im Keller. Zu den schönen Überraschungen zählte die Entdeckung reich verzierter Stuckdecken im Erdgeschoss. 2003 konnte das für insgesamt rund 11,4 Mio Euro zum heutigen Kongress- und Kulturzentrum wiederbelebte Ständhaus eröffnet werden.

Norddeutschlands höchster Berg (1141 Meter) ist ein Symbol deutsch-deutscher Einheit. Jahrhundertelang waren seine steilen Bergzüge, Klippen und Täler traditionelles Wandergebiet. 1777 bestieg Goethe erstmals den Brocken. „Der Berg ist ein Deutscher", schrieb Heinrich Heine. 1961 wurde der Brocken zum militärischen Sperrgebiet erklärt. Hinter einer später gebauten, kilometerlangen und 3,60 Meter hohen Mauer verschanzten sich der sowjetische Militärgeheimdienst, die Stasi und die 7. DDR-Grenzkompanie. „Freier Brocken – Freie Bürger" hallte es am 3. Dezember 1989 durch den Wald. Tausende Menschen sollen es gewesen sein, die damals zur verriegelten Brockenkuppe wanderten und ihre Öffnung erzwangen. Als auch hier die Mauer fiel, fürchteten viele Naturschützer um die wenigen Reste natürlicher Vegetation, welche die militärische Nutzung des Bro-

ckens übrig gelassen hatte. Doch schon im Oktober 1990 wurde der Nationalpark Hochharz ausgerufen, der 2006 mit dem 1994 gegründeten niedersächsischen Nationalpark fusionierte. Damit nimmt der insgesamt 24 732 Hektar große Nationalpark Harz, der bislang einzige deutsche Nationalpark, der sich über die Grenzen zweier Bundesländer erstreckt, etwa zehn Prozent der Gesamtfläche des Mittelgebirges Harz ein. 15 820 Hektar liegen in Niedersachsen und 8 912 Hektar in Sachsen-Anhalt. Auf etwa der Hälfte dieser Fläche darf die Natur heute schon wieder selbst Regie führen. „Natur Natur sein lassen" lautet das Motto, unter dem bis 2022 mindestens 75 Prozent der Nationalparkfläche zur sogenannten Naturdynamikzone entwickelt sein sollen – Lebensraum für eine artenreiche Flora und Fauna. Bereits jetzt können über 7 200 Tier- und Pflanzenarten nachgewiesen werden. Moore, Fichtenwälder und Felsen prägen die Landschaft rings um den Brocken. In kühlen Bächen schwimmen Groppen und Bachneunaugen, europaweit geschützte Fischarten. Die Felsen sind das Reich seltener Moose, Flechten und Fledermäuse. Seit der Wiederansiedlung von Luchsen im Jahr 2000 durchstreift auch diese größte europäische Katze wieder den Harzwald.

1990 setzte die Wiedereinführung einer unabhängigen Gerichtsbarkeit dem bislang real existierenden Dogma „Die Partei hat immer recht" ein Ende. In Naumburg vollendete sich dieser Prozess gleichzeitig mit der Wiederinbesitznahme des angestammten Sitzes des Oberlandesgerichtes. Seit 1995 spricht das Oberlandesgericht wieder in dem 1917 von Regierungsbaumeister Fritz Hoßfeld gestalteten Naumburger Gerichtsgebäudes Recht. Die Worte der Eröffnungsrede des damaligen Oberlandesgerichtspräsidenten Reuter könnten durchaus auch für den Einzug rund 80 Jahre später gelten: „Dieser Tag ist für uns alle, die wir hier beschäftigt sind, ein Tag großer Freude. Ist es uns doch vergönnt, in diesem schönen neuen Hause mit seinem herrlichen Eingange, seinen schönen Fluren und freundlichen hellen großen Zimmern zu arbeiten. Welcher Unterschied das ist gegen früher, brauche ich Ihnen nicht zu sagen…". 1946 musste das Oberlandesgericht sein Gebäude für eine Division der Roten Armee räumen und nach Halle ziehen, auch zum Leidwe-

sen der Naumbuger Bürger. „Naumburg ist ohne das OLG eine tote Stadt und die Gewerbetreibenden verlieren völlig die Existenz, werden brotlos", schrieben sie an den Präsidenten des Oberlandesgerichtes. „Wir bitten inständig, Naumburg sein OLG wieder zurückzugeben." Doch das OLG wurde 1952 aufgelöst. Erst im September 1992 gab der russische kommandierende General Troz das bis zu diesem Zeitpunkt als Stabssitz genutze Gebäude an die deutsche Justiz zurück. 1993 wurde das Gebäude bis fast auf den Rohbauzustand zurückgeführt. 1994 begannen Sanierung und Rekonstruktion, wobei historisches Material weitgehend aufgearbeitet wurde. Der Große Sitzungssaal, die Senatssitzungssäle, die Bibliothek und das Präsidentenzimmer wurden weitgehend im originalgetreuen Zustand wiederhergestellt. Auch der einst unvollendete Plan, einen Brunnen nach Entwürfen des Künstlers Max Klinger aufzustellen, wurde nun ausgeführt – ein kommunales Geschenk „als Zeichen der Verbundenheit von Stadt und Justiz in Naumburg".

1903 kaufte sich der berühmte Leipziger Grafiker, Maler und Bildhauer Max Klinger in Großjena bei Naumburg einen Weinberg mit Weinberghaus. 1914 wurde daraus eine Villa mit Veranda; im „Radierhäuschen", dem unteren Weinberghaus, schuf Klinger zahlreiche Radierungen und Exlibris sowie Zeichnungen, Aquarelle und Ölbilder. Es waren die ruhmreichen Jahre, in denen Lovis Corinth ihn als „den deutschesten Künstler unter den deutschen Künstlern" bezeichnete. Doch schon bald nachdem Klinger 1920 auf seinem Weinberg zu Grabe getragen wurde, begann das Vergessen. Am Ende des bürgerlichen Zeitalters war Klinger nur noch wenigen bekannt. Pläne, in der einzigen authentischen Wohnstätte Max Klingers eine Gedenkstätte zu errichten, scheiterten am gespaltenen Verhältnis der frühen DDR-Jahre zum „bürgerlichen" Künstler Klinger. 1967 wurde das Wohnhaus durch einen „Typendachstuhl" und Serien-Fenster verunstaltet. Bei der Beräumung der Häuser ging der Restbestand der Kunstwerke und der Einrichtungsgegenstände, über die es zu diesem Zeitpunkt noch nicht einmal ein In-ventarverzeichnis gab, auf zum Teil mysteriöse Weise verloren. Obwohl Anfang der 1970er Jahre im „Radierstübchen" eine kleine Klinger-Ausstellung gezeigt wurde, verkam das Klinger-Haus in seiner Substanz und der Leiter jener Einrichtung klagte: „Die Feuchtigkeit dringt durch die Erdlöcher in die Räume und hebt die Tapete ab. Quecken dringen durch Mauerritzen und wachsen durch die Tapete des Wohnzimmers der Dienstwohnung...". 1983 wurde Klingers Weinberg Ferienobjekt für Künstler. Oberhalb der Grabanlage entstanden Bungalows und ein Grillplatz mit Aussichtsterrasse. Erst nach der politischen Wende erfuhr Klingers Wohn-, Arbeits- und letzte Ruhestätte eine angemessene Würdigung. Als Teil des Stadtmuseums in das Programm "Kultur in den neuen Ländern" aufgenommen, wurden in den Jahren 2005 und 2006 u. a. die An- und Umbauten beseitigt, sowie das Dach und die Fenster in ihrer ursprünglichen Gestalt rekonstruiert und das Mauerwerk trockengelegt. Die beiden Hermen an Klingers Grab konnten mithilfe der Broche-Stiftung Naumburg gereinigt und konserviert werden.

Wurst und Schinken für Nägel, Steine, Bretter und Zement. Gerhard Wahrlich kämpfte fast zwei Jahrzehnte lang um die Rettung des Schlosses Oberwiederstedt. Ein findiger Einzelkämpfer, wie er im Buche steht. Richard Schröder, von 1973 bis 1977 Pfarrer in Wiederstedt, schreibt über ihn in „Die Rettung des Novalis-Geburtshauses oder Der Kampf gegen die Obrigkeit": „Daraus ist geradezu ein Lehrstück geworden über die Borniertheit der SED-Diktatur, über Zivilcourage (...), aber auch darüber, wie sich Unglaubliches in einer Diktatur bewegen lässt." Wäre es nach dem Willen der DDR-Machthaber gegangen, hätte man an dem Ort, an dem 1772 der Mitbegründer des frühromantischen Dichterkreises Novalis (eigentlich Georg Friedrich Philipp Freiherr von Hardenberg) geboren wurde, nur ein Schild aufgestellt. Romantik galt als „reaktionär" und Novalis als „blaublütiger Spinner". Bis 1981 als Altersheim genutzt, war das Schloss nun zum Abriss verdammt. Gerhard Wahrlich fand Gleichgesinnte, vor allem in Hans-Joachim Morcinietz und

Jörg Kowalski, die 1988 im Kulturbund der DDR die Interessengemeinschaft „Novalis" gründeten. Der Westflügel war schon abgebrochen, als sie die Genehmigung zum Wiederaufbau des Schlosses erstritten. Jeder Tag war nun der Restaurierung des Schlosses gewidmet – ob auf der Baustelle oder bei der Beschaffung von Baumaterial – ausführlich dokumentiert in dicken Stasiakten. Nach der Wende ging aus der IG Novalis das „Kuratorium Novalis-Geburtshaus Schloss Oberwiederstedt e. V." hervor, das für seine kulturhistorische Arbeit 1992 den Konrad-Adenauer-Preis in Silber erhielt. Heute ist das Schloss Sitz der Internationalen Novalis-Gesellschaft und der Novalis-Stiftung „Wege wagen mit Novalis". Die Voraussetzung dafür, dass dieses Schloss als Forschungszentrum für Frühromantik und als Novalis-Museum ein Zentrum für Literaturfreunde aus aller Welt werden konnte, schufen jene Wiederstedter, denen „die durch die Kommunisten 1945 von hier Vertriebenen" eine Ehrentafel widmeten.

1,25 Mio Kubikmeter Bördeboden wurden bewegt, um einer Vision vor den Toren der Stadt Oschersleben Gestalt zu geben. Auf rund einer Million Quadratmeter entstand 1997 dort, wo ursprünglich ein weites Maisfeld lag, für etwa 58 Mio Euro die damals dritte permanente Renn- und Teststrecke Deutschlands. Im rasanten Tempo: Innerhalb eines Jahres wurden u. a. ein über 3 600 Kilometer langer Rundkurs asphaltiert, 14 Kurven und eine 680 Meter lange Start-Ziel-Gerade gebaut, Doppel- und Dreifachleitplanken installiert, etwa 40 000 Reifen aufgestapelt und verschraubt, Kiesbetten aufgeschüttet, Rettungsstraßen angelegt und Fangzäune errichtet. Mit strengem Blick überwachte der Weltmotorsportverband FIA den gesamten Bau. Das streckeneigene 4-Sterne-Hotel und eine Kartbahn waren von Anfang an fester Bestandteil der Planungen. In unmittelbarer Nähe entstanden ein Hubschrauberlandeplatz und ein modernes Medical-Center. Den Blickfang auf das Gelände des damaligen MOTOPARK bildete das Start-und Zielgebäude mit dem Tower mit Race-Control, Spre-

cher- und Kommentatorenplätzen sowie einem modernen Pressezentrum mit rund 100 Arbeitsplätzen für Journalisten und Fotografen. 2005 vom Unternehmen Johann BUNTE Bau aus Papenburg übernommen, wurde die Anlage in „Motorsport Arena Oschersleben" umbenannt und streckenweise weiter ausgebaut. Heute finden in Oschersleben an mehr als 280 Tagen im Jahr Motorsportveranstaltungen statt. Von den arenenartig angeordneten Zuschauerrängen haben die Motorsportfans einen umfassenden Einblick in das Geschehen. Darüber hinaus bietet die weltmeisterschaftstaugliche 1 018 Kilometer lange Outdoor-Kartbahn Spaß und Action für jedermann. Die Motorsport Arena Oschersleben brachte Bewegung in die von hoher Arbeitslosigkeit gebeutelte Region. Mit Einführung einer eigenen Veranstaltungsabteilung konnte die Belegschaft in den vergangenen Jahren auf 76 Mitarbeiter ausgebaut werden. Mit jährlich bis zu 15 Auszubildenden ist die Motorsport Arena einer der größten Ausbildungsbetriebe im Landkreis Börde.

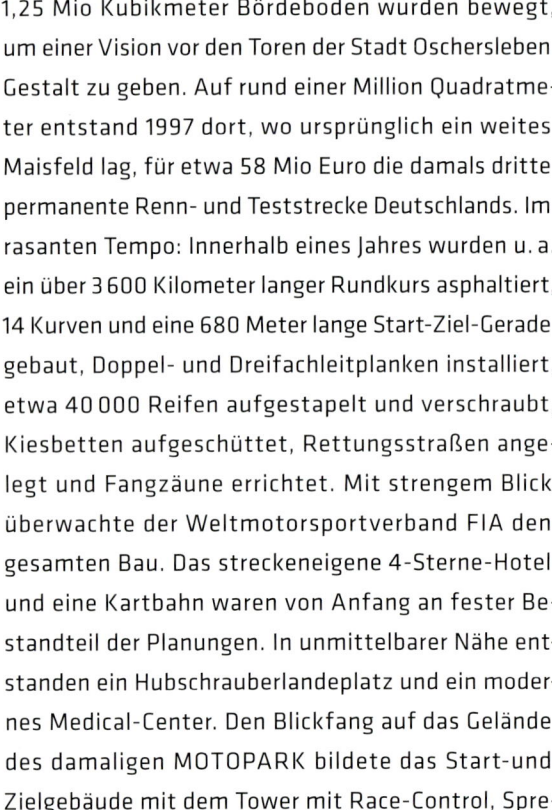

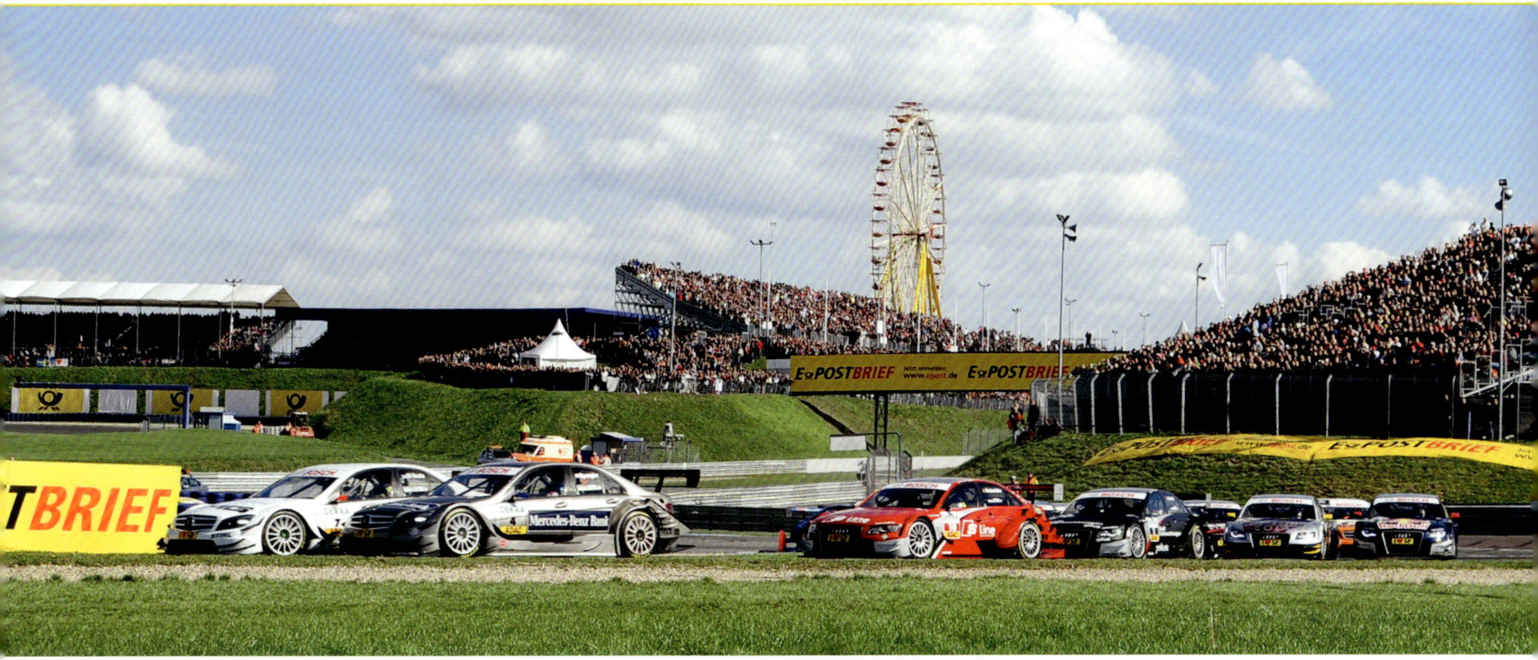
TBRIEF
E-POSTBRIEF
E-POSTBRIEF
Mercedes-Benz Bank

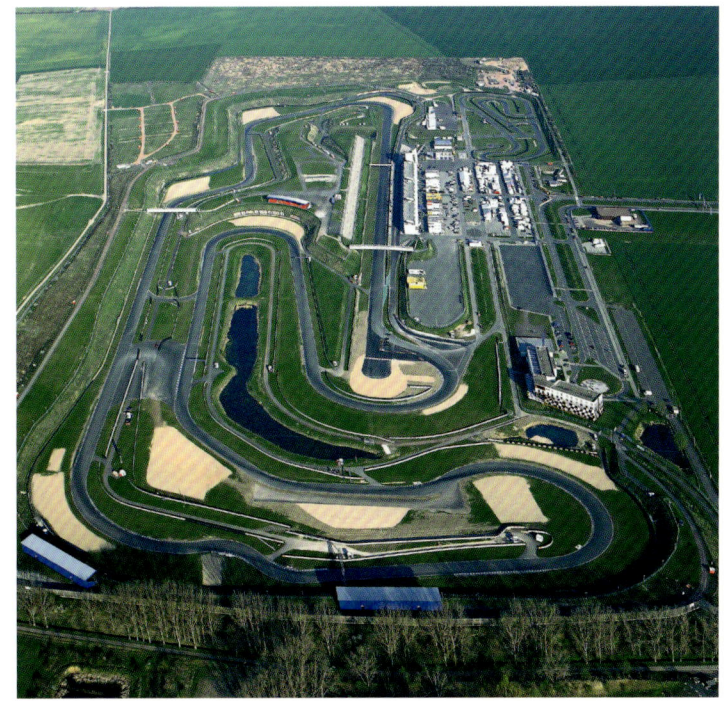

„Seit Generationen beherbergt das alte Fachwerkhaus die Evangelische Superintendur des Kirchenkreises Osterburg", berichtet Pfarrerin Claudia Kuhn 2002 in der Osterburger Broschüre „Zehn Jahre Städtebauförderung". Hier amtierten die jeweiligen Superintendenten und die Pfarrer von St. Nicolai. Doch die Zeit hatte Spuren an dem kleinen Haus im Schatten der großen Stadtkirche hinterlassen. Denn „in den Zeiten der Planwirtschaft war es der Kirchengemeinde nur sehr beschränkt möglich, erhaltende Maßnahmen an diesem Gebäude vorzunehmen." Fachwerkhäuser aus dem 18. und 19. Jahrhundert sowie Gründerzeitbauten prägen die Altstadt von Osterburg. Das alte Pfarrhaus blickt auf den Kleinen Markt, ein Ausblick, der in den letzten Jahren an bemerkenswerter Schönheit gewonnen hat. Der direkt neben dem Pfarrhaus liegende Ratskeller wurde ebenso saniert wie das Rathaus und der Neptunbrunnen. Damit das Herz der Altstadt wieder schlagen kann, hatte die Stadt 1995 europaweit einen städtebaulichen Ideen- und Realisierungswettbewerb ausgelobt. Der Gewinner, ein dänisches Planungsbüro, baute auf die Logik des mittelalterlichen Grundrisses und kreierte eine „steinerne Stadt im grünen Mantel". 1997 konnte mit der Umsetzung begonnen werden. Auch das alte Pfarrhaus in der Wasserstraße, im östlichen Umfeld der Kirche, das als erstes Gebiet saniert wurde, profitierte von der großzügigen Förderung durch Bund, Land und Kommunen im Rahmen der Städtebausanierung. Hinzu kamen Mittel des Kirchenkreises und der Kirchengemeinde. Dafür konnten auch das Dach frisch gedeckt, neue Holzfenster denkmalgerecht eingebaut und massive Wände zu Fachwerk rückgebaut werden. Stellte man 1995 in Osterburg noch schwere Bauschäden an gut 25 Prozent der Hauptgebäude fest (15 Prozent verfügten weder über Bad noch Innentoilette) und wiesen sämtliche Straßen und Plätze mittlere bis schwere Mängel auf, ist Osterburg heute eine ländliche Kleinstadt mit entschieden gesteigerter Lebensqualität. Dafür wurden in den vergangenen 20 Jahren rund 20 Mio Euro Fördermittel investiert.

Osterwieck hat Glück gehabt. Weder Kreisstadt noch in verhängnisvoller Nähe zu einem Plattenwerk gelegen, konnte es der „sozialistischen Umgestaltung" weitgehend entgehen. Es gab private Nachbarschaftshilfe, Menschen im Rat der Stadt, die sich für die Erhaltung der Fachwerkhäuser einsetzten und sogar eine Denkmalschutzbrigade. Einige Häuser wurden komplett saniert. „Allerdings wirkten sich auch auf Osterwieck die typischen Folgeschäden der SED-Baupolitik aus: der Mangel an Fachhandwerkern, der Mangel an Baustoffen, vor allem an Holz für die notwendigen Reparaturen an den Fachwerkhäusern, auch der Abbruch sehr schadhaft gewordener Gebäude gegen den Widerstand der Denkmalpflege...", konstatiert der Denkmalpfleger Hans-Hartmut Schauer im Arbeitsbericht für das Landesdenkmalamt Sachsen-Anhalt. Zwischen 1953 und 1985 wurden 20 Fachwerkhäuser abgerissen. Heute ist die historische Altstadt als Flächendenkmal geschützt. Mit 400 Häusern im niedersächsischen Fachwerkstil aus

fünf Jahrhunderten zählt Osterwieck zu den schönsten Fachwerkstädten Deutschlands. Nicht zuletzt halfen auch beispielhafte private Sanierungen, das Stadtbild zu bewahren. Dazu gehört auch, in diesem Fall kein Fachwerkhaus, das im Auftrag von Christine Agnese von Gustedt, Witwe des Commandeurs der Aschersleber Kürassiere, erbaute Barockgebäude in der Schulzenstraße. Nach 1945 wurde das Gutshaus als Wohnhaus genutzt und musste viele Veränderungen ertragen. Einer der schönen Kachelöfen wurde immerhin umgesetzt und ist heute im Heimatmuseum zu besichtigen. Ab 2008 erweckte Brigitte Haasler das Haus zu neuem Leben und ließ spätbarocke Stuckdecken von Holzplatten, intarsierte Fußböden von Kunststoffbelägen und Wandmalereien von dicken Farbschichten befreien. Im selben Jahr wurde die Eigentümerin für die Wiederherstellung des vor der Restaurierung völlig überformten ehemaligen Herrenhauses durch die Deutsche Stiftung Denkmalschutz mit einem Sonderpreis geehrt.

Die ehemalige Kaiserpfalz Quedlinburg ist eines der bedeutendsten Flächendenkmale Deutschlands. Hier wurde im Jahre 919 der sächsische Herzog Heinrich zum ersten deutschen König gekrönt. Hier ertönte 1989 laut der Ruf: „Rettet unsere Städte". Schon 1956 hieß es in einer Denkschrift der Deutschen Bauakademie: „Die Folgen der jahrelangen Vernachlässigung (...) der Wohngebäude, vor allem der vielen Fachwerkhäuser, macht sich im Gebäudeverfall bemerkbar. Bei gleichbleibenden Abgängen an Wohnraum wird im nächsten Jahrzehnt das Bild der Stadt nicht mehr zu halten sein." Die Antwort der sozialistischen Stadtväter lautete: „Das Alte darf nicht zum Knebel werden, denn was war, ist vorbei." Der Plan, die historische

Altstadt vollkommen platt zu machen, scheiterte lediglich an Geldmangel. Dass schließlich weniger als geplant abgerissen und wertvolle historische Bausubstanz statt durch herkömmliche Plattenbauten durch historisierende „Hallesche Monolithbauweise" vernichtet wurde, konnte kein Trost sein. Mit der politischen Wende wurde die systematische Zerstörung Quedlinburgs quasi in letzter Minute verhindert. Auch der prächtige, um 1560 erbaute einstige Rotgerberhof Word 3 (Word steht für Sumpfgebiet), der sich nach jahrelangem Leerstand noch in den 1990er Jahren in erbärmlichem Zustand befand, konnte gerettet werden. Die Fachwerkkonstruktion wurde wieder freigelegt und an Hand der Zapflöcher originalgetreu rekonstruiert. Die Sanierung des Gebäudekomplexes konnte durch Mitfinanzierung aus Landes-, Wohnungsbauförder- und Denkmalpflegemitteln sowie mit Hilfe der Deutschen Stiftung Denkmalschutz sichergestellt werden. Das Gebäude ist seit Ende 1999 Sitz der BauBeCon Sanierungsträger GmbH, dem treuhänderischen Sanierungsträger der Stadt Quedlinburg. Für die beispielhafte Sanierung wurde die Wohnungswirtschafts GmbH im Rahmen „Der Deutsche Fachwerkpreis" ausgezeichnet. Mit mehr als 100 Mio Euro an öffentlichen Mitteln wurde bereits etwa 60 Prozent der historischen Quedlinburger Bausubstanz wieder hergestellt, doch um das Welterbe der Menschheit dauerhaft erhalten zu können, bedarf es noch einmal rund 150 Mio Euro.

Mit dem Besinnen auf die eigene Kraft und dem Wiederaufbau der Kommunalen Selbstverwaltung ab 1990 begann auch die Sanierung der Altstadt Quedlinburgs, die noch im selben Jahr in die „Arbeitsgemeinschaft historischer Fachwerkstädte" aufgenommen wurde. 1991 wurde in Quedlinburg mit 250 Hektar eines der deutschlandweit größten Erhaltungsgebiete festgelegt. 1992 erfolgte die Aufnahme in das Förderprogramm „Stadtsanierung" des Landes Sachsen-Anhalt. Als 1994 die UNESCO die Altstadt mit Schlossberg, Stiftskirche und Wipertikirche in ihre Liste des „Kultur- und Naturerbes der Menschheit" aufnahm, wuchs das Moos noch meterhoch an den feuchten Wänden des Fachwerkhauses Neustädter Kirchhof 7. Die Stadt mit ihren mehr als 1300 Fach-

werkhäusern litt noch immer an der Vernachlässigung in den vergangenen Jahrzehnten. Zwar hatte man zu jenem Zeitpunkt bereits an die 200 Fachwerkhäuser restauriert, aber mehr als 100 denkmalgeschützte Häuser standen noch leer, die meisten von ihnen waren heruntergekommen, viele fast abbruchreif. Undichte Dächer, kaputte Dachrinnen, Fäulniss, der echte Hausschwamm und Ungeziefer bedrohten auch den Neustädter Kirchhof 7, eines von den 800 Quedlinburger Einzeldenkmalen. Neun Jahre und viel Geld investierte der Besitzer Peter Deutschbein in dieses Gebäude, das als eines der wenigen erhaltenen spätgotischen Fachwerkhäuser zu den ältesten der Stadt gehört. Doch ohne die Unterstützung der Deutschen Stiftung Denkmalschutz und Fördermittel aus dem Programm „Städtebaulicher Denkmalschutz" wäre das 1423 erbaute Fachwerkhaus nicht in dieser Authentizität gerettet worden. Denkmalgerecht setzte der gelernte Baustatiker historische Baumaterialen wie Lehm, Schilf, Sumpfkalk und Altholz ein. Das stark geschädigte Holztragwerk wurde mit traditionellen zimmermannstechnischen Verbindungen saniert. Selbst die Lage der früheren Schwelle wurde wiederhergestellt, sodass das Straßenniveau um ca. 50 Zentimeter abgesenkt werden musste. Die für Quedlinburg einst typische Nonneneindeckung gibt dem Haus nun wieder ein würdiges Dach.

Nicht immer ist das Bild von der Märchenburg ein Klischee, z. B. dann nicht, wenn elf Prinzessinnen die Burgtreppe herab tänzeln. „Ruhe bitte! Wir drehen". Die Produktionsfirma Studio TV produziert im Auftrag des MDR „Die zertanzten Schuhe", ein Märchen der Gebrüder Grimm. Schon viele Filme wurden auf Burg Querfurt gedreht. Till Schweiger ließ hier Szenen seiner Mittelalterkomödie „1 ½ Ritter – auf der Suche nach der hinreißenden Herzelinde" spielen. Die Kulisse war auch perfekt für das Historiendrama „Die

Päpstin": doppelte Ringmauern, Kanonenbastionen, eine Westtoranlage mit über zehn Meter dicken Mauern und drei mächtigen Bergfrieden. Die Burg Querfurt, die größte und älteste Burganlage an der Straße der Romanik, konnte, trotz heftiger Belagerungen und wechselnder Besitzer, ihre mittelalterliche Bausubstanz weitgehend bewahren. Doch, sieben Mal größer als die berühmte Wartburg, hatte der Zahn der Zeit auch hier viele Angriffsflächen. Ersten Schadenbegrenzungsversuchen in den 1970er Jahren folgte nach der Wende ein umfassendes Sanierungs- und Restaurierungsprogramm. Seitdem sind mehr als 6,5 Mio Euro in den Erhalt der Burg geflossen. Zusätzlich rund drei Mio Euro wurden in den Umbau des alten Pächterhauses zur Musikschule investiert. Insgesamt etwa 5,5 Mio Euro davon sind Eigenmittel des Landkreises, des Hausherren der Burganlage. Auch im Korn- und Rüsthaus wird fleißig gebaut, damit die Ausstellungsfläche des Museums um 180 Quadratmeter wachsen und eine große Ausstellung zur Burg- und Stadtgeschichte präsentiert werden kann. Ein neu gestalteter Raum wird künftig die beiden Ausstellungen zu den bekannten Querfurtern Johannes Schlaf und Hans Schomburgk aufnehmen. 2012, zum 150. Geburtstag des bedeutenden deutschen Dramatikers, Erzählers und Übersetzers Johannes Schlaf, soll alles fertig sein. Auch der „Dicke Heinrich" soll erschlossen werden, sodass Besucher die grandiosen Ausmaße des Wehrturmes auch von innen in Augenschein nehmen können.

Im Mittelpunkt des UNESCO-Programms „Der Mensch und die Biosphäre" stehen die nachhaltige Entwicklung und der Schutz der vom Menschen geprägten Kulturlandschaft. Auch das sich am östlichen Südharzrand seit 2009 über rund 30 034 Hektar erstreckende Biosphärenreservat Karstlandschaft Südharz wurde größtenteils durch landwirtschaftliche Nutzung geprägt. Ausgedehnte Laubwälder, in denen die Rotbuche vorherrscht, weiße Gipsfelsen und Offenlandbereiche aus Weiden und Äckern wechseln einander ab. Im Frühjahr schäumen die Hänge im Weiß und Rosa der Obstblüte auf. Apfel-, Kirsch-, Birnen- und Pflaumenbäume auf über 1000 Hektar schmücken dann die Landschaft. Gefördert durch landesherrliche Erlasse wurden im 18. Jahrhundert die „raumen", die kahlen Hutungsflächen, systematisch mit Obstbäumen bepflanzt. Die schönen und nützlichen Streuobstwiesen drohten jedoch in den letzten Jahrzehnten zu verbuschen. Kaum jemand pflückte noch die Früchte, kein Schäfer schickte mehr seine

Herde auf die Obstbaumwiesen. Heute zählt der Erhalt dieser landschaftsprägenden Streuobstwiesen zu den vorrangigen Aufgaben des Biosphärenreservates. So kann man seit einigen Jahren zur Erntezeit in den Dörfern des Südharzes in einer mobilen Mosterei das eigene Obst zu Saft verarbeiten oder alte, seltene Sorten bestimmen lassen. Veredlungs- und Baumschnittkurse werden organisiert, um die oft schon überalterten Bestände wieder zu verjüngen und das wichtige Genmaterial zu erhalten. Verschiedene Förderprojekte mit Landschaftspflegeverbänden, wie das Beweidungsprojekt mit Ziegen, und Obstbaumpflanzungen durch eine Hamburger Stiftung sind zwar kleine, aber wichtige Schritte, um diese wertvollen Flächen erhalten zu können. Im Rahmen der Integrierten Ländlichen Entwicklung (ILE) wurde der Südharzer Regionalmarkt ins Leben gerufen. Die Verwaltung des Biosphärenreservats hat die Etablierung dieses Marktes unterstützt, um heimischen Qualitätsprodukten bessere Vermarktungschancen zu eröffnen.

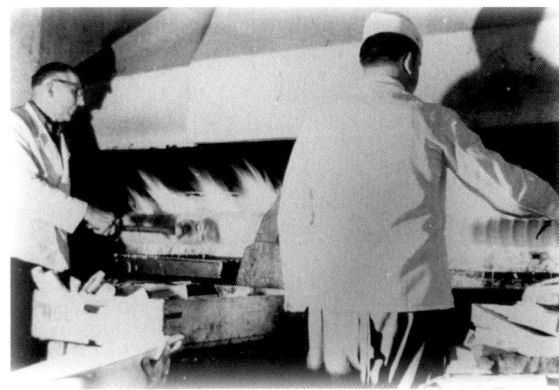

Aachener Printen, Nürnberger Lebkuchen, Lübecker Marzipan – seit Oskar Hennig 1990 sein Baumkuchenrezept beim Münchener Patentamt angemeldet hat, steht Salzwedeler Baumkuchen in einer traditionsreichen Reihe regionaler Spezialitäten. Das Rezept für den originalen Salzwedeler Baumkuchen ist über 200 Jahre alt. 1807 von Andreas Schernikow erfunden, bereicherte das mit Schokolade oder Zuckerglasur überzogene Gebäck bald auch die fürstlichen Tafeln in Preußen, England, Österreich, Rußland und Schweden. Erst mit dem Zweiten Weltkrieg endete vorläufig der süße Triumphzug. Nur wer eigene Zutaten mitbrachte, bekam in den Kriegsjahren noch einen Kuchen. 1958 wurde die Baumkuchenfabrik enteignet. Unter dem Vorwand, mit ihren Baumkuchen wertvolle Rohstoffe in den Westen verschoben zu haben, verurteilte man die beiden Besitzerinnen, die 72-jährige Anna Maria Kruse und ihre Tochter, zu zwei Jahren Zuchthaus. HO und Konsum backten Baumkuchen nun nach eigenen Rezepten, oft mit Magarine statt mit Butter. Baumkuchen wurde zur Bückware. Das Originalrezept aber blieb ein vom einstigen Lehrling und Erben der Kruses für bessere Zeiten aufbewahrtes gut gehütetes Geheimnis. Nach der Wende wagte Oskar Hennig damit den Sprung in die Selbstständigkeit. Inzwischen hat er sein Baumkuchenreich, das erfolgreich mit drei weiteren Baumkuchenproduzenten in Salzwedel konkurriert, an seine Kinder übergeben. Tochter Bettina Hennig sorgt als Geschäftsführerin dafür, dass die Tradition aufrecht erhalten und Salzwedeler Baumkuchen in aller Munde bleibt. Nur hier wird noch immer nach alter Geheimrezeptur gebacken. Kein Geheimnis aber ist, dass nur mit frischen Zutaten, ohne Konservierungsstoffe und Treibmittel und zum Teil immer noch am offenen Feuer gebacken wird. Bis in die USA, nach Japan, Russland und Kanada wird der Kuchen exportiert. Auch an den Königshäusern von England und Schweden erfreut das feine Gebäck wieder erlauchte Gaumen. Seit 2010 nennt sich die Hansestadt Salzwedel auch Baumkuchenstadt.

Imposante Backsteinkirchen, zwei Stadttore, eine weitgehend sanierte Stadtmauer sowie prachtvolle Fachwerkzeilen zeugen vom einstigen Wohlstand Salzwedels durch Salzhandel, Tuch- und Leineweberei. Brücken queren die Jeetze, auf der bis 1908 Lastkähne bis nach Hitzacker und von dort weiter auf der Elbe bis nach Hamburg fuhren. Viele Häuser in der alten Hansestadt Salzwedel, oft auch „Klein Venedig" genannt, sind auf Eichenpfählen erbaut. Die Fassaden stehen romantisch schief über dem Jeetzelauf, der von Süd nach Nord das historische Stadtzentrum durchzieht. Verrutscht sind Türen und Fenster, überkragend die Dächer. In den DDR-Jahren konnte man diese Häuser nur notdürftig aufrecht erhalten. Ab 1973 zog der „VEB Ergasförderung" einen gewaltigen Zustrom von Arbeitskräften aus allen Teilen der DDR und auch aus der Sowjetunion nach Salzwedel. Rings um die Innenstadt entstanden fünf Neubaugebiete, was auch zum Leerstand etlicher Fachwerkhäuser führte. Salzwedel drohte, obwohl Bestandteil der zentralen Denkmalliste der DDR, die „gesellschafts-politische Umgestaltung der Altstadt", d. h. der Abriss ganzer Straßenzüge. Das Institut für Denkmalpflege Halle legte Widerspruch ein und verhinderte so die zerstörerischen Pläne. Aber auch die Kosten für Neubauten im komplizierten Salzwedler Baugrund waren ein Problem. 1995 wurde ein 45 Hektar großes Sanierungsgebiet ausgewiesen. Bis zum Jahr 2010 konnten insgesamt 20,1 Mio Euro für städtebauliche Sanierungsmaßnahmen und 19,9 Mio Euro in den städtebaulichen Denkmalschutz in der Altstadt investiert werden. 60 Prozent des Sanierungsziels sind erreicht. Acht neue Brücken führen über die Jeetze, in der sich die nach alten Fotos rekonstruierten Brücken spiegeln.

Als die Häuser im Zentrum der Sangerhäuser West-siedlung erbaut wurden, rauchten auf ihren Dächern noch Schornsteine. Heute sind die Solaranlagen der Gebäude mit einer Gesamtkollektorfläche von über 800 Quadratmetern schon von Weitem zu sehen. Für die zuerst installierte thermische Solaranlage auf dem Dach des Gebäudes Am Bergmann 1 – 7a erhielt die SWG Städtische Wohnungsbau GmbH Sangerhausen von der Gesellschaft für Sonnenenergie den „Solar-preis". Die Geschichte der Stadt Sangerhausen ist seit über 800 Jahren vom Kupferbergbau geprägt. Ende des 19. Jahrhunderts stillgelegt, wurde er 1951 mit der Inbetriebnahme des Thomas-Müntzer-Schachts wie-deraufgenommen, mit dem Ziel, die DDR von Kupfer-importen unabhängig zu machen. Die Einwohnerzahl Sangerhausens verdoppelte sich. Rund 70 Prozent der Sangerhäuser lebte in den Bergmannssiedlungen, die von den 1950er bis zu den 1980er Jahren rings um die Altstadt entstanden. Die Bergwerke haben die Wende nicht überlebt. Nachdem die Stollen geflutet waren,

ging mit dem Abriss des Fördergerüsts des Thomas-Müntzer-Schachts 1997 die Bergbau-Ära der DDR end-gültig zu Ende. Die Einwohnerzahl von Sangerhausen sank auf Vorkriegsniveau. Schon 1998 waren gut 1800 Wohnungen in den Siedlungen leergezogen. Die Per-spektive lag nun im koordinierten Abriss und in der Stärkung der Siedlungskerne durch Neubau und Sa-nierung. Rückbau stand auch für den Rand der West-siedlung auf dem Plan. Im Zentrum aber wurden fünf Gebäudeblöcke in ihrer für die Stalin-Ära typischen Mischung aus Klassizismus und Heimatstil im Rah-men der Internationalen Bauausstellung 2010 für über 14 Mio Euro denkmalgerecht saniert sowie energe-tisch innovativ und barrierefrei modernisiert. Um die originalen Fassade mit zeitgenössischen Sgraffitos zu erhalten, wurde eine Innendämmung angebracht. Während die Häuser im unsanierten Zustand über die Hälfte leerstanden, waren bereits 2010 alle neuen 109 Wohnungen belegt.

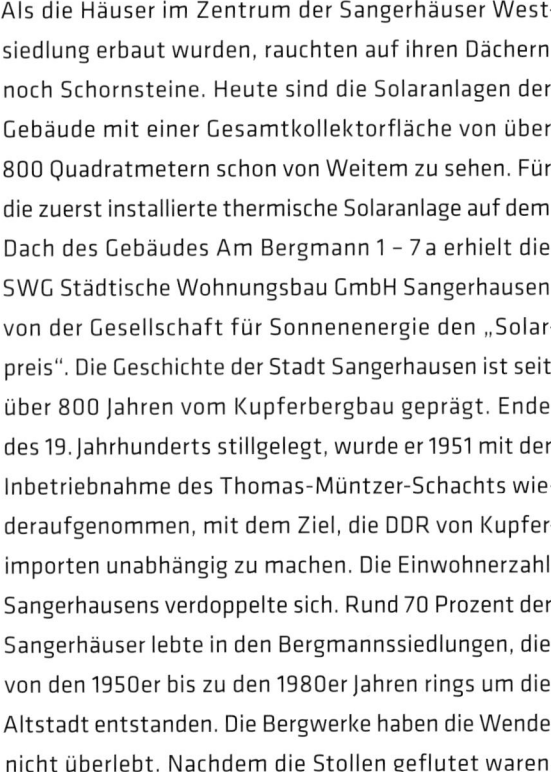

Der Werbeslogan „Plaste und Elaste aus Schkopau" ist so untrennbar mit der DDR verbunden wie der Trabi. Mit Walter Ulbrichts „Chemieprogramm" fanden Kunststoffprodukte Anfang der 1960er Jahre Einzug in den „fortschrittlichen" Haushalt. Polyethylen oder Polystyrol statt Porzellan, Holz und Glas. Die Buna-Werke in Schkopau zählten zu den größten Kunststoffherstellern in der DDR. 1937 von den IG Farben gegründet, wurde Schkopau zur Wiege der ersten industriellen Großproduktion von synthetischem Kautschuk. 1945 zunächst in eine sowjetische Aktiengesellschaft (SAG) und 1954 in einen volkseigenen Betrieb (VEB) umgewandelt, entstand 1970 das Kombinat VEB Chemische Werke Buna, in dem zeitweise bis zu 18 000 Menschen arbeiteten. 1990 in die Treuhandanstalt überführt, wurde das BUNA Werk Schkopau 1994 Teil des mitteldeutschen Olefinverbundes. Mit

der Privatisierung durch den US-amerikanischen Investor The Dow Chemical Company begann 1995 eines der umfassendsten Restrukturierungsprogramme in der Geschichte der chemischen Industrie. Mehr als 60 veraltete und auf Kohlechemie basierende Produktionseinrichtungen und Nebenanlagen wurden stillgelegt und zurück gebaut. Mit einer Investitionssumme von 2,7 Milliarden Euro konnten Anlagen neu errichtet oder modernisiert sowie eine zeitgemäße Infrastruktur geschaffen werden. Seit 2000 ist die heutige Dow Olefinverbund GmbH mit ihren Werken in Schkopau, Böhlen, Leuna und Teutschenthal eine 100-prozentige Tochtergesellschaft der weltweit agierenden The Dow Chemical Company. Mit seiner Produktpalette an Kunststoffen (wie Polyethylen, Polypropylen und PET) ist das Unternehmen der größte Kunststoffproduzent in den neuen Bundesländern. Das Dow-Ausbildungszentrum bietet Zukunftschancen für derzeit 118 eigene Nachwuchskräfte und 329 Auszubildende von mehr als 50 regionalen Firmen, die sich zum Ausbildungsverbund Olefinpartner zusammengeschlossen haben und seitdem kontinuierlich Ausbildungsplätze in der Region bereitstellen. Zudem betreibt Dow am Standort Schkopau einen Industriepark mit mehr als 20 Unternehmen der kunststoffverarbeitenden Industrie und chemierelevanten Dienstleistungen.

Nicht nur im Burgenlandkreis und „an der Saale hellem Strande stehen Burgen stolz und kühn", sondern auch im einstigen Chemiedreieck südlich von Halle. Die Luft ist längst rein, auf dem Fluss schippert die MS „Traumschiff", landeinwärts lugt ein Bergfried über die Bäume des Schlossparks. Mehr als 80 000 Quadratmeter Wald, Wiesen und Wasser umgeben das Schlosshotel Schkopau. Eine Idylle, auferstanden aus Ruinen. Die mittelalterliche Burganlage wurde Mitte des 16. Jahrhunderts im Auftrag Thilo von Trothas, Bischof von Merseburg, zum Wohnschloss umgebaut. Von den Bombenangriffen im Zweiten Weltkrieg auf das nahe Chemiewerk Buna weitgehend verschont, ereilte Schloss Schkopau 1945 das Schicksal der Adelshäuser in der sowjetischen Besatzungszone. Nach der Enteignung zog das Volk in die

Räume. Das Schloss wurde Gemeindeverwaltung, Polizeirevier, Kindergarten und Kohlenlager. Niemand wollte nach 1990 das riesige verwahrloste Anwesen haben, bis sich 1995 die Merseburger Familie Broda zum Kauf entschloss. 1997 begann die insgesamt fast 34 Mio DM teure Sanierung. 2001 eröffnete das Vier-Sterne-Schlosshotel mit stilvollen Gemächern. 2007 übernahm der bisherige Geschäftsführer des Hauses, Kai-Ulf Sauske, das Haus, in dem mehr als tausend Jahre Geschichte sensibel mit modernem Wohnkomfort vereint wurden. Im Bergfried aus dem 10. Jahrhundert findet man nun einen kreisrunden Konferenzraum mit dezent integrierter Tagungstechnik. Das Schloss vereint verschiedene Architektur- und Lebensstile, moderne Gewohnheiten und romantische Gefühle. Manager landen auf dem Heliport. Hochzeitspaare schreiten in die geweihte, konfessionsübergreifende Schlosskapelle. Laut „Gala" zählt das Schloßhotel Schkopau zu den 40 Top-Hochzeitslocations in Deutschland.

Am 1. April 1815, gegen ein Uhr, erblickte Otto Eduard Leopold von Bismarck im Schloss Schönhausen das Licht der Welt. Am 2. August 1958 sprengte der SED-Staat den „Hort der Reaktion". Nur ein Seitenflügel des Herrenhauses, das Torhaus, blieb erhalten, der Rest lag am 60. Todestag Bismarcks in Trümmern. Die Erinnerung an den früheren Reichskanzler sollte in Schönhausen ausgemerzt werden. Dafür wurde sogar die nach ihm benannte Kneipe in „Fortschritt" umgetauft. Der neue Staat brauchte neue Identitäten. Historische Wurzeln wurden gekappt. Übrig blieben Klischees, wie das von Bismarck als Wegbereiter des Nationalsozialismus. Identitätsstiftende Erinnerung sollte seit Ulbricht den alten Gutshäusern gleich zer-

fallen und Platz schaffen für das Weltbild des Sozialismus. 1947 bildete Sachsen-Anhalts Landesregierung eine „Kommission zum Abbruch der Schlösser und Herrenhäuser". Es galt, „die Spuren der Junkerschaft auf dem Dorfe zu vernichten". Vom Landeskonservator trotzdem auf die Denkmalliste gesetzt, überlebte das Schloss diese Aktion und wurde sogar instandgesetzt. Eine Galgenfrist – wenige Jahre später kam das Aus. Das Geburtsschloss einer der Schlüsselfiguren der deutschen und europäischen Geschichte des 19. Jahrhunderts fiel – auch ohne Einwilligung der Landesdenkmalpfleger. Über zwei Mio DM stellte die Landesregierung 1998 für die Sanierung des verbliebenen Schlossflügels zur Verfügung. 50 Jahre nach der Schließung des bereits zu Lebzeiten Bismarcks in Schönhausen eröffneten Museums zeigt das Haus in drei Ausstellungsräumen zahlreiche Exponate der alten Sammlung. Leihgaben der Bismarck-Stiftung und des Altmärkischen Museums sowie der Familie von Bismarck ergänzen die Exposition zu Leben und Werk des früheren Reichsgründers und geben einen Einblick in mehr als 150 Jahre Bismarck-Rezeptionsgeschichte.

Auf einem knapp sieben Hektar großen Areal am Wohngebiet Leninring entstand in Staßfurt 1981 die „Schule der Freundschaft". Honeckers offizielles Symbol der internationalen Solidarität im standardisierten DDR-Baustil wurde außerhalb der damaligen Planwirtschaft auf Kosten anderer Orte wie Oschersleben und Wernigerode erbaut. Auf dem Vorplatz pflanzten Graca Machel, die Ehefrau des mosambikanischen Präsidenten, und Margot Honecker zwei Bäume. Der Grundgedanke der beiden Regierungschefs Erich Honecker und Samora Machel, von 1975 bis 1986 der erste Präsident der Volksrepublik Mosambik, war: Alles, was die sozialistische Gesellschaft in der DDR an Erfahrungen aufweist, soll in den Köpfen der Schüler nach Mosambik gebracht werden. „Die Kinder bekamen bei ihrer Ankunft nicht etwa Salz und Brot, sondern ein Honecker-Bild", erinnert sich der ehemalige Internatsleiter Heinz Berg. Von 1982 bis 1990 wurden in Staßfurt über 1000 junge Afrikaner aus Mosambik und Namibia unterrichtet. Bereits 1988 ging das „Projekt Schule der Freundschaft" zu Ende. 1991 öffneten sich die Schultüren wieder, nunmehr für die ersten Teilnehmer des Berufsförderungswerks Sachsen-Anhalt. Das soziale Dienstleistungsunternehmen widmet sich der Eingliederung erwachsener Menschen, die, nach Krankheit oder Unfall behindert, einen neuen Zugang zum Arbeitsmarkt suchen. Das einstige Schulareal bot viel Raum und wurde von 1993 – 2000 den heutigen Bedingungen durch Neu- und Umbau angepasst. Fahrstühle erleichtern die Wege zu den Unterkünften, die auch rollstuhlgerechte Wohnungen bieten. Anstelle der einstigen Turnhalle steht heute ein moderner Freizeit- und Sportstättenbereich, der sowohl der Ausbildung als auch der Gesundheit der inzwischen rund 500 Teilnehmer dient. Zwei Jahre dauert eine komplette Qualifizierung mit IHK-Abschluss, aber auch kurzzeitige Qualifikations- und Integrationsangebote werden gerne angenommen. Unabhängig von der Dauer ist die Qualifizierung hier immer praxis- und arbeitsmarktorientiert. Fachliche Kompetenz soll dabei ebenso vermittelt werden wie Konflikt- und Teamfähigkeit.

„Staßfurt ist in dramatischer Weise von der Geschichte des Salzbergbaus geprägt: Es hat infolge von Bodensenkungen seine historische Mitte verloren", konstatiert der Katalog zur Internationalen Bauausstellung Stadtumbau Sachsen-Anhalt 2010. In Staßfurt, der Wiege des Kalibergbaus, wurde von 1852 bis 1972 in bis zu 25 Bergwerken das „weiße Gold" abgebaut. Für das Salz, das als Grundlage für mineralische Dünger einst Wohlstand brachte, zahlte Staßfurt einen hohen Preis. Unterhöhlt durch unsachgemäß gesicherte Kalistollen, senkte sich die historische Stadtmitte seit 1883 um fast sieben Meter. Auf einem Gebiet von 200 Hektar mussten bis in die 1960er Jahre mehr als 800 Gebäude abgerissen werden – auch das Renaissance-Rathaus und die mehr als 1000 Jahre alte Kirche. Neue Wohnungen entstanden in Plattenbauten an den Randgebieten. „Vor der Wende war die Altstadt abgeschrieben – danach war der Wille da, aber wegen der komplizierten Fragen, wie mit den Senkun-

gen technisch umzugehen ist, kamen wir unglaublich langsam voran," erklärt Horst Müller von der Landesentwicklungsgesellschaft SALEG. Im Rahmen der IBA Stadtumbau 2010 thematisierte Staßfurt den Verlust des historischen Zentrums. Seit 2006 bildet nun ein Stadtsee im Senkungstrichter die neue Stadtmitte. Anstelle einer trostlosen Brache spendet eine 4500 Quadratmeter große Wasserfläche neues Leben. Der großzügig gestaltete Uferbereich ist Treffpunkt für Spaziergänger, Radfahrer und spielende Kinder. Im Frühjahr spiegeln sich die jungen Kirschbäume im See. Eine neue dezentralisierte Entwässerungsanlage hält nur noch die bebauten Stadtflächen trocken, während über dem ehemaligen Stadtkern eine „gesteuerte Vernässung" stattfindet. Die „Aufhebung der Mitte", endgültiger Verlust und Gewinn zugleich, ist eine für die spezifische Situation einzigartige Lösung, die beispielhaft für andere europäische Regionen mit Bergbaufolgeschäden sein kann.

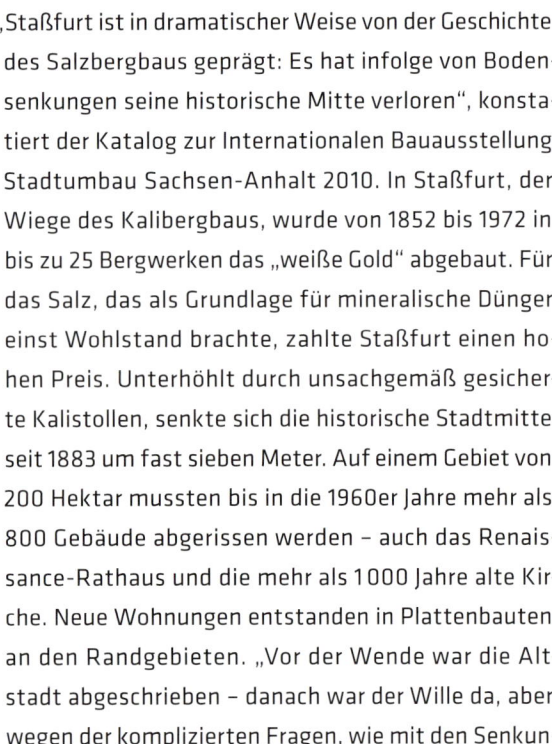

Als Fontane durch die Altmark wanderte, sah er „zahlreiche Bauten, die an die Glanztage des Klerus und der Hanse erinnern", aber auch „zum Teil baufällige Fachwerkhäuser". Deren Überlebenschance verringerte sich in der DDR erheblich. Für tausende Menschen, die zumeist auf der Baustelle des nahen Kernkraftwerkes beschäftigt waren, wurden um die alte Hansestadt Stendal herum 14 000 neue Wohnungseinheiten gebaut. Die Altstadt stand 1984 zu über 40 Prozent leer. Vier- bis fünfgeschossige Wohnblöcke in industrieller Plattenbauweise drohten die kleinen, überwiegend eingeschossigen Fachwerkhäuser zu ersetzen. Die historischen Bauten der Altstadt konnten 1986 nur gerettet werden, weil die Bewohner und Bewohnerinnen sich weigerten, dem Abrisskommando ihre Häuser zu überlassen. 1990 stellte sich eine Menschenkette vor die alten Häuser. 1991 in das Programm „Städtebaulicher Denkmalschutz" aufgenommen, waren im Jahr 2000 bereits zwei Drittel des 94 Hektar großen Sanierungsgebietes wieder hergestellt. Dass die Stadt heute an der Europäischen Route der Backsteingotik liegt, verdankt sie vielfach auch privatem Engagement. Dem US-Amerikaner Hans Jütting lag die gotische Katharinenkirche, in der er einst getauft und konfirmiert wurde, besonders am Herzen. Viele Jahre dem Verfall preisgegeben und schließlich baupolizeilich gesperrt, kam ihr bereits seit 1985 Geld aus der Familienstiftung zugute. Es wurde ein Zwischenbau zum Kreuzgang des Klosters errichtet. Von 1988 bis 1989 entstand das Foyer. Das gesamte Gewölbe der Kirche wurde neu verglast, der Fußboden archäologisch untersucht und wieder befestigt. Mit Hilfe der Hans- und Eugenia-Jütting-Stiftung sowie mit Mitteln der Stadt und der Denkmalpflege konnte die Katharinenkirche nach der Wende weiter saniert und 1994 zum Musikforum umgewidmet werden. Gesegnet mit einer großartigen Akustik finden hier jährlich mehr als 50 Konzerte statt. Das Engagement von Hans und Eugenia Jütting wurde 1995 mit der Verleihung der Ehrenbürgerschaft durch den Stadtrat gewürdigt.

Das Stolberger Schloss, bis 1945 Sitz der Grafen und zuletzt Fürsten zu Stolberg-Stolberg, steht hoch über der Fachwerkstadt Stolberg auf einem Felssporn. Das Alter der Anlage konnte bislang nicht ergründet werden. Der Ausbau zum Renaissanceschloss Mitte des 16. Jahrhunderts bezog ältere Bauteile ein und legte die Grundzüge der heutigen Anlage fest. Umbauten zwischen 1690 und 1720 veränderten nochmals Erscheinungsbild und Innenräume der Residenz. Nachdem im 19./20. Jahrhundert die barocken Schlossräume und die Gartenanlagen teilweise dem Zeitgeschmack angepasst wurden, kam es erst wieder nach Enteignung und Vertreibung der Fürstenfamilie ab 1948 zu nennenswerten Baumaßnahmen, nun aber nicht nach ästhetischen sondern ausschließlich nach Kriterien der Benutzbarkeit. Das Schloss wurde Erholungsheim der Lehrergewerkschaft der DDR. Dazu fügte man Gästezimmer, Küchenanlage, Speisesaal und Aufenthaltsräume in die historischen Raumfolgen ein. Die Nutzung des Barocksaals als Turnzimmer wurde nur angesichts der Risse im barocken Stuck wieder untersagt. Nach der Wende ging das Schloss in den Besitz der Treuhand, die es 1993 an einen Investor verkaufte, der alsbald vor den immensen Anstrengungen, die eine denkmalgerechte Sanierung erforderte, kapitulierte. Erneuter Leerstand seit 1994 führte zu schweren Bauschäden. 2002 übernahm die Deutsche Stiftung Denkmalschutz die Schlossanlage, um sie vor weiterem Verfall zu bewahren. Erst jetzt wurde das ganze Ausmaß der Schäden sachkundig erfasst: undichte Dächer, Echter Hausschwamm, statische Probleme, schadhafte Stützmauern. Die Liste der bösen Überraschungen war lang. Die Gesamtkosten der Sanierung wurden damals auf 25 Mio Euro geschätzt. Es gab aber auch erfreuliche Entdeckungen, wie die Freskomalerei aus dem 18. Jahrhundert im Treppenhaus. 2003 fanden erste Sicherungsmaßnahmen statt. 2008 wurde das Schloss in Teilbereichen u. a. als „Haus des Gastes" wiedereröffnet. Das ehemalige große Empfangszimmer wird für Veranstaltungen hergerichtet. Zwei Räume im Obergeschoss sind für wechselnde Ausstellungen vorgesehen. Zusätzlich werden Führungen im Schloss angeboten.

Tangermünde ist über 1000 Jahre alt. Thietmar von Merseburg erwähnte die Burg Tangermünde erstmals im Jahre 1009. Unter ihrem Schutz gedieh die Stadt – bis die Brandstifterin Grete Minde 1617 zwei Drittel der Gebäude in Schutt und Asche legte. Den Zweiten Weltkrieg überlebte Tangermünde nahezu unversehrt. Es war das weiße Bettlaken der Großmutter Opitz, das am Kirchturm den anrückenden Amerikanern die Kapitulation signalisierte. Enkel Rudolf Opitz ist seit 1990 Bürgermeister dieser Stadt, die auch die DDR-Jahre bemerkenswert gut überstand. Zwar war auch Tangermünde „eine typische Kleinstadt in der DDR. Das Leben war geprägt von den Herrschaftsansprüchen der SED", wie Rudolf Opitz berichtet. Auch hier herrschten hinter den Fassaden der Häuser zumeist katastrophale Wohnbedingungen. Kohleheizung, kaum Bad und WC. Aber etwas war doch anders, als in vielen anderen Städten der DDR, eine „Besonderheit der sozialistischen Zwangswirtschaft": Mehr als 75 Prozent der Altstadt-Häuser war bis zum Ende der DDR-Ära in Privatbesitz. Die Häuser waren bewohnt, Dächer und Fenster wurden so gut es ging abgedichtet. Die Altbausubstanz blieb somit zumindest äußerlich weitgehend intakt. Neubauten auf grüner Wiese wurden erst ab Mitte der 1980er Jahr gebaut. Seit der Wende flossen mehr als 20 Mio Euro Fördermittel in den städtebaulichen Denkmalschutz, davon ca. sieben Millionen in private Bausanierungen. Tangermün-

de nutzte rechtzeitig das Investitionsvorranggesetz, der Zuschuss für private Komplettsanierungen betrug bis zu 40 Prozent. Ein Schwerpunkt der Sanierung war das Burgensemble. Anfang der 1990er Jahre erwarb die Stadt Tangermündes ältestes erhaltenes Wohngebäude unterhalb der markgräfischen Burg. Der Renaissancebau, Schlossfreiheit 5, in dem heute das Burgmuseum beheimatet ist, hatte die Mangeljahre bis zur politischen Wende fast unverändert mit original erhaltenen Gewölben und Raumstrukturen im Untergeschoss überlebt.

lag der Schwerpunkt der Produktion in Weiterverarbeitung und Veredelung von Metall. Das Programm der Chemisierung der DDR-Volkswirtschaft erforderte eine Verdopplung der Produktion und damit Umbauten sowie Neuausrüstungen, um die steigenden Bedürfnisse der chemischen Industrie zu erfüllen. Mitte der 1980er Jahre entwickelte sich der VEB Eisenhüttenwerke Thale zum pulvermetallurgischen Zentrum der DDR. Nach der Wende wurden auf 320 000 von insgesamt 500 000 Quadratmetern die nicht mehr benötigten Betriebsteile abgerissen und die Flächen saniert. Von 6 500 Beschäftigten blieben 350. Die drei großen Bereiche Stanz- und Emaillierwerk, Behälter- und Apparatebau sowie die Pulvermetallurgie wurden privatisiert. 1997 erwarb die Schunk GmbH die Aktien des Traditionsbetriebes Eisen- und Hüttenwerke Thale AG. Aus der Pulvermetallurgie ging die Thale Sintermetall GmbH und aus dem ehemaligen Behälter- und Apparatebau die EHW Thale Email GmbH (seit 2007 Thaletec GmbH) hervor. In der heutigen Schunk Sintermetalltechnik GmbH Thale produzieren über 300 Mitarbeiter Sinterformteile, Sinterlager und pulvermetallurgisch hergestellte Spritzgussteile. Zu den Kunden des Unternehmens zählen Automobilhersteller wie Audi, BMW, Daimler, Porsche oder VW.

Die Weiterverarbeitung von Metall war schon immer die Stärke des Eisenhüttenwerkes Thale. Schon 1831 wurde hier die erste komplett schmiedeeiserne Wagenachse hergestellt. Das Werk wuchs nach 1872 rasant und bestand um 1900 aus einem Siemens-Martin-Stahlwerk, mehreren Walzwerken, einer Gießerei, einem Geschirremaillierwerk und dem Behälter- und Apparatebau. Zu diesem Zeitpunkt wurden in Thale zehn Prozent des weltweiten Bedarfs an Emaillegeschirr hergestellt. Hinzu kam 1934 das deutsche Monopol für die Stahlhelmerzeugung. 1939 nahm die Pulvermetallurgie ihre Produktion auf. Als eines der wenigen noch funktionstüchtigen Stahl- und Walzwerke in der sowjetischen Besatzungszone für Reparationsleistungen nicht demontiert, wurde es von 1949 bis 1953 sowjetische Aktiengesellschaft (SAG), dann Volkseigener Betrieb (VEB). Auch in DDR-Zeiten

„B. ist die schmutzigste Stadt Europas", schrieb Monika Maron 1981 in ihrem Roman „Flugasche". B. steht für Bitterfeld. „Bitterfeld, Bitterfeld, wo der Dreck vom Himmel fällt ..." antwortete der Volksmund auf die sozialistische Parole „Chemie schafft Brot, Wohlstand und Schönheit." Dreißig Jahre später besuchte die Schriftstellerin erneut diesen Landstrich, der in der DDR „zu einem Synonym für marode Wirtschaft, vergiftete Luft und verseuchten Boden geworden (war), zu einem Sinnbild des ruinierten Landes". In ihrem Buch „Bitterfelder Bogen" erzählt sie 2008 von der Wiederauferstehung dieser Region. Es ist die Geschichte von drei Solar-Enthusiasten aus Berlin und einem ehemaligen McKinsey-Berater, die 1999 mitten im Chemiedreieck das Solarunternehmen Q-Cells gründeten. „Die Sonne geht im Osten auf!" Bereits 2001 ging die erste funktionierende Solarzelle vom Band. Bis 2004 stieg der Umsatz auf mehr als 40 Mio Euro. 2005 ging Q-Cells an die Frankfurter Börse. 2008 wurde mit einer Investition von 50 Mio Euro das Reiner-Lemoine-Forschungszentrum – eines der weltweit größten Forschungseinrichtungen in der Photovoltaik-Industrie – eingeweiht. In nur wenigen Jahren entwickelte sich Q-Cells zu einem der größten Photovoltaik-Unternehmen weltweit. Das umfangreiche Produktportfolio reicht von Solarzellen, kristallinen und Dünnschicht-Solarmodulen bis hin zu kompletten Photovoltaik-Systemen. Q-Cells ist eine Erfolgsgeschichte, über die Die Welt schrieb: „Der Traum vom Aufbau Ost, von den blühenden Landschaften, (ist) hier in Thalheim am Rande des Industrieparks Bitterfeld-Wolfen Realität geworden. Q-Cells ist das Unternehmen, von dem Politiker und Wirtschaftsförderer, Arbeitnehmer und Börsianer immer geträumt haben." Inzwischen baut Q-Cells Solarparks in mehreren europäischen Ländern. Zu viert haben die Q-Cells-Gründer mit nur 19 Mitarbeitern angefangen. Inzwischen arbeiten über 2 000 Menschen bei Q-Cells, 1500 (mit der Tochterfirma Solibro) davon in Thalheim, wo mittlerweile das „Solar Valley Thalheim" entstanden ist.

Gemeinde einen über 200 Jahre alten Vierseit-Bauernhof, in dem die Schüler alte bäuerliche Handwerkstechniken erlernen können. Tradition und Zukunft liegen in Ummendorf dicht beieinander. „Wenn Menschen nach Orientierung suchen, spielt der Begriff Heimat eine große Rolle", sagt Bürgermeister Reinhard Falke. Die Besinnung auf die eigene Geschichte, etwa durch drei Bibliotheken und ein Dorftheater,

Seit der Wiedervereinigung Deutschlands hat sich das etwa zehn Kilometer von der Grenze zu Niedersachsen entfernte Ummendorf von einem peripheren stagnierenden Ort zu einer der attraktivsten Gemeinden Europas gewandelt. Die Lage nach dem Mauerfall schien aussichtslos, doch, angeregt durch das niedersächsische Partnerdorf Polle, entwickelte man hier schnell Eigeninitiative. Bereits im August 1990 wurde ein Dorferneuerungsplan in Auftrag gegeben. Das damals 889-Seelen-Dorf wollte vor allem für junge Familien anziehender werden. Man war sich schnell einig, dass gut 40 Prozent des kommunalen Haushaltes in die Erziehung und Förderung der Kinder und Jugendlichen zu investieren seien. Ein neues Hortgebäude wurde errichtet, daneben hatte die Grundschule in der mittelalterlichen Burganlage, im Herzen des Dorfes, höchste Priorität. So sanierte die

stärkt die Verwurzelung. Fast 30 Vereine sind lebendiger Ausdruck des dörflichen Zusammenhalts. 2004 wurde Ummendorf mit dem Europäischen Dorferneuerungspreis ausgezeichnet, als überzeugendes Beispiel „für vorbildhafte Bürgereinbindung und einen intelligenten Umgang mit eigenen Stärken". Um 2006 die folgende Preisverleihung angemessen ausrichten zu können, wurde in Ummendorf anstelle eines verfallenen Bauernhofes ein Neubau in traditioneller Bauweise aus Klinker und Fachwerk von jungen Fachleuten errichtet. Die sogenannte Jugendbauhütte beherbergt heute einen Laden, eine kleine Pension und einen Fahrrad-Verleih. 2008 wurde Ummendorf zur familien- und kinderfreundlichsten Gemeinde Sachsen-Anhalts gewählt. Dafür spricht auch der Zuwachs um 200 Einwohner – gemessen an der allgemeinen Landflucht eine Sensation.

Mischtragwerk aus „echtem" Bogen und Stabbogen die Saale. Als nach 32 Monaten Bauzeit am 30. November 2000 die Saalebrücke Beesedau freigegeben werden konnte, feierte man zugleich die Fertigstellung eines ersten Autobahnneubaus des „Verkehrsprojektes Deutsche Einheit-Straße" in Ostdeutschland. Sieben Jahre und rund 1,2 Milliarden DM hatte der Bund in die insgesamt 101,7 Kilometer lange Strecke zwischen Magdeburg und Halle investiert. Geplant war eine Autobahn zwischen den beiden Städten schon 1935. Die DDR-Straßenplaner erarbeiteten in den 1960er Jahren auf der Grundlage der alten Netzplanungen eine neue Streckenführung. 1977 wurde das Projekt jedoch in einer Standortgenehmigung eingefroren. 1990 nahm das „Zentrale Forschungsinstitut der DDR" die Planungen wieder auf. Doch erst mit dem Verkehrsprojekt Deutsche Einheit erfüllte sich das Bedürfnis, der nun auch in den Neuen Bundesländern immer mobiler werdenden Gesellschaft nach einer funktionierenden Infrastruktur. Die neue Autobahn ist eine wichtige Lebensader zwischen der Landeshauptstadt Magdeburg und dem Wirtschaftszentrum Halle. „Das Verkehrsprojekt Deutsche Einheit Nr. 14 ist vollendet", sagte im Jahr 2000 der damalige Verkehrsminister des Landes. „Die A 14 ist es noch nicht".

Das Kreuzungsbauwerk über die Saale zwischen den Anschlussstellen Plötzkau und Könnern, die Saalebrücke Beesedau, ist das größte und ingenieurtechnisch anspruchsvollste Brückenbauwerk der A 14. 805 Meter lang überbrückt sie umweltfreundlich sowohl den Fluss als auch das Überflutungsgebiet zwischen dem Hochwasserschutzdeich am südlichen Ufer und einem Steilhang im Norden. Dabei haben die Architekten des Brückenbauwerkes auch optisch auf regionale Siedlungs- und Landschaftsstrukturen Rücksicht genommen, wie in der Dokumentation der DEGES betont wird. So wurde die Vorlandbrücke mit heimischen Materialien, mit beigefarbenen Klinkersteinen und rotem Löbejüner Porphyr, einem vulkanischem Gestein aus dem Gebiet nördlich von Halle, verkleidet. Die Strombrücke quert traditionsbewusst als architektonisches

Das sogenannte Fürstenhaus am Fuße des Schloss-bergs, Leipziger Straße 9, gilt als besonders prächtiger Bau des Hochbarocks in Mitteldeutschland und ist eines der bedeutendsten Baudenkmäler der Stadt Weißenfels. 1673 im Auftrag des Herzogs August von Sachsen-Weißenfels errichtet, war es vor allem Dienst- und Wohnsitz wichtiger Hofbeamter. Als 1751 die königlich-privilegierte Klein´sche Seidenfabrik in das Gebäude einzog, wurden bauliche Veränderungen vor allem an den hinteren Gebäuden vorgenommen. Später waren vor allem Kaufleute Besitzer des Fürstenhauses. 1946 kurzzeitig in Volkseigentum überführt, erhielt 1949 die letzte Besitzerin das Haus zurück, das nach ihrem Tod in die Rechtsträgerschaft der kommunalen Wohnungsverwaltung überging. Zu Wohnzwecken und für kulturelle Veranstaltungen genutzt, erreichte es in leidlich gutem Zustand die Wende. Doch nun verließen viele Bewohner die Stadt, die einst als größter Schuhproduzent der DDR tausenden Menschen Arbeit gab. Das „Fürstenhaus" stand leer. Vandalismus, Feuchtigkeit und Hausschwamm zerstörten die Räume. 1998 ging das „Fürstenhaus" in das Eigentum der Stadt Weißenfels über. 2004 begannen im Rahmen des Programms Städtebaulicher Denkmalschutz die Sanierungsarbeiten am Hauptgebäude. Es musste zunächst stabilisiert, dann konnte die Dachkonstruktion instand gesetzt werden. 2005 wurde das Dach neu eingedeckt; ein Jahr später war auch die Fassade wiederhergestellt. Schließlich wurden die Innenräume saniert, so der Festsaal in der Beletage, das Prunkstück des Fürstenhauses. Mit Unterstützung von Bund, Land, der Stiftung Denkmalschutz, EFRE, Lotto u. a. gelang es, für insgesamt 4,48 Mio Euro dieses barocke Kleinod im alten Glanz neu erstrahlen zu lassen.

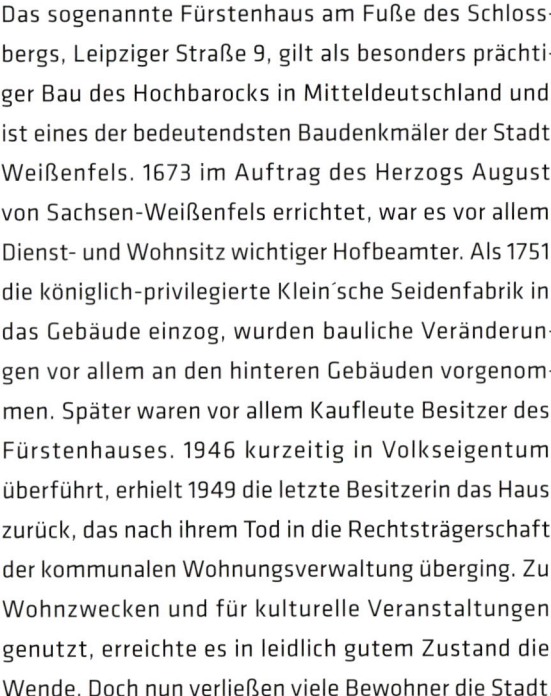

Wernigerode, die „bunte Stadt" am nördlichen Harzrand, ist als Ferienort weit besser über die DDR-Jahre gekommen als viele andere Orte. Die Vermietung von Ferienwohnungen machte Erhaltungsmaßnahmen an den Gebäuden bezahlbar, oftmals ergaben sich daraus auch gute Kontakte zu Quellen für Baumaterial. Besorgte Stadtväter sollen damals sogar Häuser preisgünstig an Wernigeröder verkauft haben, mit der Auflage, Fassade und Dachstuhl zu pflegen. Das hat so manches Haus am Leben erhalten. Die Altstadt war bewohnt. Großflächige Abrisspläne blieben in den Schubladen der sozialistischen Stadtplaner. Nach der Wende eröffneten sich völlig neue Möglichkeiten für die städtebauliche Entwicklung und den Erhalt der historischen Bausubstanz, sowohl für die Kommune als auch für den Einzelnen. Bereits 1991 wurde Wernigerode in das Förderprogramm „Städtebaulicher Denkmalschutz" aufgenommen. 1993 konnte die Stadt ein 110 Hektar großes Sanierungsgebiet

ausweisen. Bis heute flossen aus beiden Förderprogrammen rund 42 Mio Euro in die Instandsetzung eines Großteils von innerstädtischen Straßen, Wohn- und Geschäftshäusern. So entwickelte sich Wernigerode im Zusammenwirken vieler öffentlicher und vor allem auch privater Akteure zu einer schmucken Stadt, die bis zu 2,5 Mio Tagesbesucher und jährlich über eine Million Übernachtungen verbuchen kann. Als eines der vielen Beispiele für die Rettung denkmalgeschützter Häuser durch bürgerliches Engagement steht das Haus Liebfrauenkirchhof 1. Für die aufwendige Sanierung des barocken Wohn- und Geschäftshauses wurde das Ehepaar Birgit und Ralf-Peter Spangenberg 2004 mit dem Deutschen Fachwerkpreis ausgezeichnet. Dabei lobte die Jury die Sanierung „im Sinne eines Harzer Stadtbildes" sowie den Erhalt der historischen Inneneinrichtung. Wo sich bis zum Ende des Zweiten Weltkriegs die Hautevolee Wernigerodes im Café Geitel traf, betreibt der Bauherr Spangenberg heute ein orthopädisches Schuhmachergeschäft. Kronleuchter an der rekonstruierten Stuckdecke beleuchten den Verkaufsraum mit alten Ladenregalen und einem gusseisernen Ofen.

„Man musste schon einen visionären Blick und eine überdimensionale Begeisterung haben, um an das Werden der Fachhochschule zu glauben", erinnert sich der Gründungskanzler der heutigen Hochschule Harz - Hochschule für angewandte Wissenschaften (FH) in Wernigerode, Klaus Bernert. Die Idee, eine Hochschule in einem bislang vor allem auf Tourismus orientierten Harz-Städtchen zu gründen, entsprang dem Pioniergeist und der Aufbruchsstimmung der Wendezeit. Alles schien möglich, daran glaubte zumindest eine Gruppe engagierter Politiker und Wissenschaftler. In atemberaubend kurzer Zeit mussten neue Konzepte entwickelt werden. Schon 1991 wurde die damalige Fachhochschule Harz gegründet. Noch aber passten Inhalt und Form nicht zusammen. Zu den Liegenschaften für die neue Lehranstalt gehörten ein renovierungsbedürftiges FDGB-Ferienheim,

die baufälligen Lehrräume der AIS und eine alte Villa. Manche Gebäude auf dem Campus sahen vielversprechend aus, vieles aber musste saniert, einiges abgerissen und etliches neu errichtet werden. Insgesamt wurden ca. 45 Mio Euro in den Standort Wernigerode investiert. Heute ist der Campus eine grüne Idylle mit historischer und hochmoderner Architektur. Neubauten wie die „Papierfabrik" spiegeln den innovativen Charakter der jungen Institution wider. Das Herzstück des 16 Mio Euro teuren Neubaus ist das Auditorium Maximum mit 250 Plätzen. Insgesamt 3 300 junge Leute studieren an der 1998 um den Standort Halberstadt (Fachbereich Verwaltungswissenschaften) erweiterten Hochschule. Mit der Generationen- und KinderHochschule liegt das Alter der Studierenden in Wernigerode zwischen acht und 100. Den größten Fachbereich bilden die Wirtschaftswissenschaften mit den Schwerpunkten Tourismus und Betriebswirtschaftslehre. In Hightech-Laboren werden zudem am Fachbereich Automatisierung und Informatik ingenieurwissenschaftliche und informationstechnologische Studiengänge gelehrt. Regional gut verankert, pflegt die Hochschule Harz mit weltweiten Partnerschaften auch intensive internationale Beziehungen.

Jahrhunderte hindurch war die Burg Wolmirstedt Sommerresidenz der Magdeburger Erzbischöfe, bis sie nach Fertigstellung der Moritzburg in Halle im Jahr 1503 an Bedeutung verlor. Erst Joachim Friedrich ließ die Burg Wolmirstedt mit erheblichem Aufwand umbauen und die Anlage um etliche Neubauten erweitern. An der Nordseite der Oberburg entstand die „Neue Residenz", die 1575 vollendet wurde. Nur noch ein Teil des einst prächtigen Schlosses, der Palas, sowie die 1480 erbaute Schlosskapelle bilden den Kern der Oberburg. Die Unterburg diente ab etwa 1790 als Schlossdomäne. Nach der Bodenreform wurden die Ackerflächen aufgeteilt und die Gebäude bis 1989 von verschiedenen gesellschaftlichen und wirtschaftlichen Organisationen genutzt. Bestrebungen, die Schlossdomäne als kulturelles Zentrum der Stadt auszubauen, gab es bereits in der DDR. Dafür legte sich der ehrenamtliche Denkmalpfleger Erhard Jahn schon mal mit dem Betriebsdirektor an, der

das gewaltige Satteldach der ehemaligen Scheune durch ein Flachdach ersetzen wollte. Jahn war einer der Wolmirstedter, die dafür sorgten, dass 1981 das Kreismuseum in die zum Teil rekonstruierte Bruchsteinscheune einziehen konnte. 1987/88 erfolgte die Rekonstruktion des Tonnengewölbes unter dem „Herrenhaus" sowie die Errichtung einer Gaststätte, des Klubkellers. Der ehemalige Pferdestall wurde 1964 Jugendclub, ab 1985 Stadtbibliothek. „Doch erst nach der Wende konnten wir uns mit konzentrierter Kraft und vor allem mit besserer Baukapazität um diesen ältesten Teil Wolmirstedts kümmern", sagt Erhard Jahn. Von 1991 bis 1993 erfolgte eine umfassende Restaurierung und Rekonstruierung des „Herrenhauses", das heute als „Bürgerhaus" Domizil des Vereins „Soziokulturelles Zentrum Schranke" ist. Der „Katharinensaal", früher Kornspeicher, Lager und Werkstatt, wird nach umfangreichen Rekonstruktionsarbeiten seit dem Jahr 2000 als Veranstaltungszentrum genutzt. Von 2004 bis 2008 fanden auf der Schlossdomäne weitere umfangreiche Baumaßnahmen statt, die mit der gelungenen Gestaltung des gesamten Geländes ihren vorläufigen Abschluss fanden.

Der Schlosspark Moritzburg zählt heute wieder zu den reizvollsten Park- und Gartenanlagen Sachsen-Anhalts. Dabei hatte er im Laufe der Zeit seinen Zauber beinahe vollkommen verloren. Viele der einstigen Gärten und Parkanlagen waren verbaut. Der östliche Teil des barocken Lustgartens von Herzog Moritz Wilhelm und seiner Gemahlin Maria Amalia (1782 an den Fabrikanten Adolph Ludwig Albrecht verschenkt) verschwand bis zum Ende des 19. Jahrhunderts unter Nutzbauten und Manufakturgebäuden. Als einziges gartenarchitektonisches Relikt des Albrecht'schen Gartens überlebte das klassizistische Badehaus, wenn auch nur als Ruine. Im 20. Jahrhundert von der Stoff-und Kattundruckerei Scheube & Brehme und von 1972 bis 1990 vom VEB Wäscheunion als Werkhalle genutzt, seiner Einrichtung beraubt und dem Hausschwamm ausgesetzt, verfiel

das Gebäude. Den westlichsten Teil des ehemaligen fürstlichen Lustgartens ließ zwischen 1912 und 1935 der Besitzer der Obermühle Rossner in einen privaten Landschaftspark umgestalten. Ab 1954 zum öffentlichen Kulturpark mit Teich, Wildgehege und Kinderspielplatz umfunktioniert, verlor auch dieser Garten seine historische Struktur. Inzwischen erhielt der Rossner-Park, Kerngebiet der Landesgartenschau 2004, für ca. 1,2 Mio Euro seine ursprünglichen Sichtachsen und Wegeverläufe wieder zurück. Seit der ersten Landesgartenschau Sachsen-Anhalts können die „verlorenen" Gärten auf dem Schlossberg von Zeitz, in Anlehnung an die historische Gestaltung, neu erblühen. Um dieses Stück Zeitzer Kulturgeschichte zu retten, wurden auch die in Teilen brach gefallenen und bebauten Flächen entsiegelt. Im Bereich des ehemaligen Lustgartens entstanden für ca. 1,6 Mio Euro als moderne Interpretation des herzoglichen Parks Gartengalerien, die die Stimmungen der verschiedenen Tageszeiten thematisieren. Weiße Rosen, Fingerhut und hellblauer Phlox künden von der kühlen Stunde zwischen Nacht und Tag. Glasperlen glitzern wie Morgentau. In der Abendröte entflammen rote Rosen, Lilien und Habichtskraut. Ein weiterer Höhepunkt bei der Wiedererweckung dieser historischen Kulturlandschaft war die Rekonstruktion des barocken Orangerieparterres.

„Wir haben in Deutschland schönere Schlösser aus derselben Zeit, aber kaum eines, das imponierender wirke", meinte 1901 der vielgereiste Publizist Karl Emil Franzos nach seinem Besuch der ehemaligen Zerbster Residenz. Auch der Knabe Dirk Herrmann war von der gewaltigen Schlossanlage beeindruckt. Von seinem Klassenfenster aus konnte er die in der Mitte des 18. Jahrhunderts vollendete Dreiflügelanlage sehen. Nach dem Unterricht durchstreifte er die Schlossruine. Ein gefährliches Abenteuer, aber der Beginn einer lebenslangen Leidenschaft. Wenn Herrmann später nicht den Förderverein Schloss Zerbst gegründet hätte, gäbe es diese bedeutende barocke Schlossanlage, in der namhafte europäische Baumeister und Künstler tätig waren und wo Zarin Katharina II. einen Teil ihrer Kindheit verbracht hatte, vermutlich bald nicht mehr. 1945 nach einem Bombenangriff völlig ausgebrannt,

wurden später Teile des Schlosses gesprengt, nur der östliche Flügel und ein Fünftel des Haupttraktes blieben erhalten, „obwohl eine Notsicherung viel kostengünstiger gewesen wäre und vor allem den späteren Wiederaufbau ermöglicht hätte. Die Entscheidung war deutlich politisch motiviert", konstatiert Dirk Herrmann. Mit Vorträgen, Faltblättern und Pressebeiträgen begann er dieses bedeutende Kulturerbe, das 1999 nach missglückter Privatisierung wieder in den Besitz der Stadt kam, in das Bewusstsein der Bevölkerung zurückzurufen. Tonnen von Müll wurden von den Vereinsmitgliedern ausgeräumt, sodass am Denkmaltag 2003 die erste Führung stattfinden konnte. Doch nicht der komplette Wiederaufbau des Schlosses ist das Ziel des inzwischen über 200 Mitglieder zählenden Fördervereins, sondern die Bewahrung der historischen Substanz durch Siche-

rungsmaßnahmen wie Deckenein-
züge und Dachaufbauten. Mit Hilfe
öffentlicher Mittel, durch Spenden
und Sponsoring konnte 2006/07 die
Gestaltung der Ausstellungsräume
auf drei Schlossetagen, in denen
Originalobjekte, Leihgaben und
Fotos gezeigt werden, beginnen.
Konzerte, Theatergastspiele und
Filmabende tragen zur weiteren Belebung des Zerbster Schlosses bei,
das für großartiges bürgerschaftli-
ches Engagement steht.

Im 19. Jahrhundert war Zschornewitz noch ein be-schauliches Heidedorf mit rund 200 Einwohnern, die von Ackerbau und Viehzucht lebten. Doch 1915 änderte sich das schlagartig. In nur neun Monaten wurde am Rand der Dübener Heide das damals größte Kraftwerk der Welt aus dem Boden gestampft. Das Braunkohlerevier Bitterfeld entwickelte sich damit zum wichtigsten Elektroenergieproduzenten und Zschornewitz zum zentralen Knotenpunkt im Energieversorgungsnetz Mitteldeutschlands. Selbst Berlin wurde mit Strom aus Zschornewitz versorgt. Arbeitskräfte aus ganz Deutschland strömten in diese Region. Noch im selben Jahr stieg die Einwohnerzahl um das Sechsfache. Um den gewaltigen Wohnungsdedarf zu decken, entstand gleich vor den Werkstoren die Siedlung „Kolonie Zschornewitz". Im Juni 1992 endete die Industriegeschichte von Zschornewitz. Kraftwerk und Kolonie wurden unter Denkmalschutz gestellt. Nun war der Himmel wieder blau, aber die Arbeitsmarktsituation düster. Die Häuser waren so ausgepowert

wie die Menschen, die in dem längst technisch veralteten Kraftwerk Höchstleistungen bringen mussten. Als Zeugnis deutscher Industrie- und Wohnkultur wurde die Werkssiedlung 1996 mit einem 30 Hektar großen Gebiet in das Programm „Städtebauliche Sanierungs- und Entwicklungsmaßnahmen" des Landes Sachsen-Anhalt aufgenommen. Unter dem Motto „Verwandlungen" zu einem Projekt der EXPO 2000 erklärt, wurde der Kernbereich der Werkssiedlung saniert – für eine bessere Lebensqualität. 1997 konnte das erste, wieder in frischen Farben erstrahlende Haus, bezogen werden. Heute ist ein Großteil der Gebäude, sind die Anliegerstraßen und Plätze instand gesetzt. Betonflächen wurden wieder zu Gärten. Die Siedlung, Heimat von über 800 Menschen, und vor allem bei jungen Familien sehr gefragt, zeigt ihr idyllisches Gesicht. 15 Mio Euro investierte dafür die VEAG, jetzt Vattenfall Europe AG. Weitere 7,5 Mio Euro öffentlicher Mittel flossen in den Denkmalschutz.

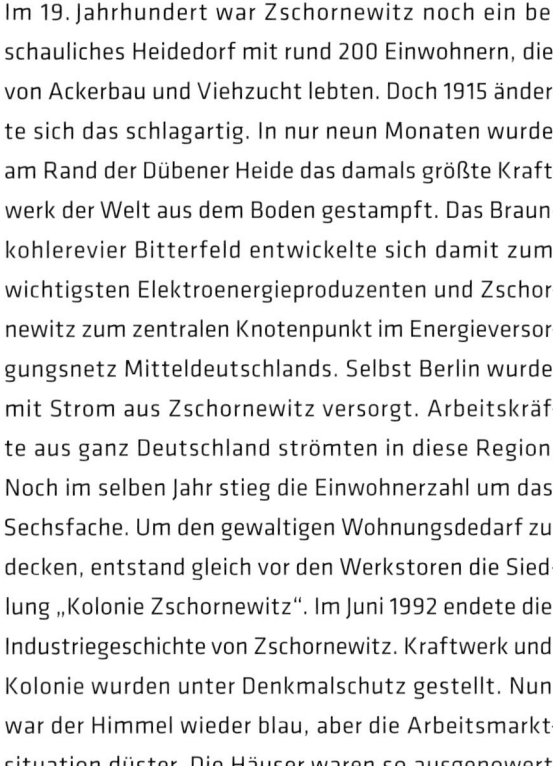

MENSCHEN

Bevölkerung
2 873 957 (1990)
2 336 964 (2010)

davon Ausländer
17 906 (1990)
43 665 (2010)

Bevölkerungsdichte (pro/km)
116 (1991)
115 (2009)

Gemeinden
1367
219

Bruttoinlandsprodukt (in Mrd. €)
20 339
52 157

Arbeitslose
167 000 (1991), 134 000 (2010)

Wohnungen
1 250 902 (1995)
1 307 127 (2010)

Fortzüge
61 635 (1991)
49 030 (2010)

Geburten
19 459 (1991)
17 144 (2009)

Kreisfreie Städte und Landkreise
40 (1990)
14 (2011)

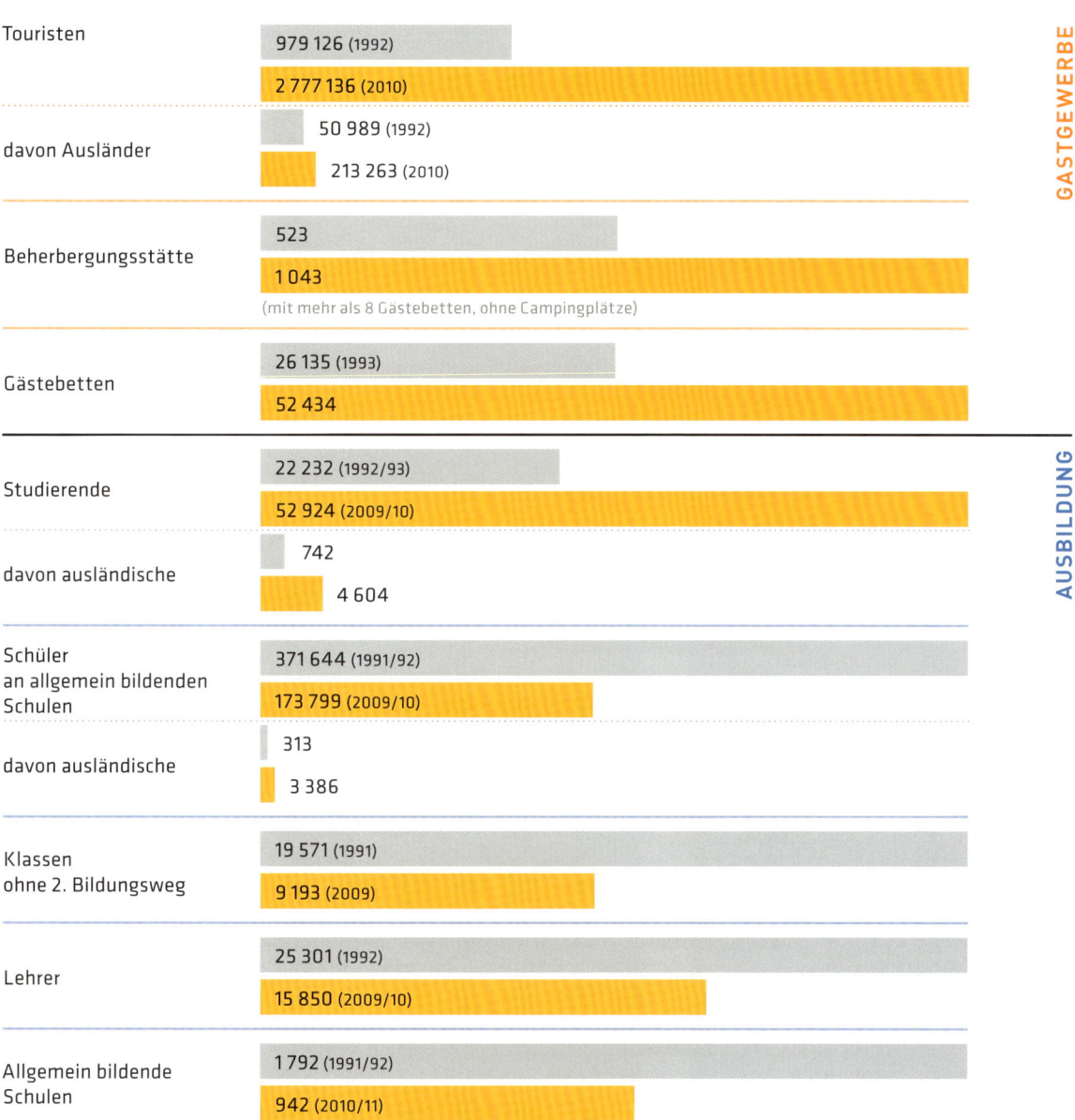

GASTGEWERBE

Touristen
979 126 (1992)
2 777 136 (2010)

davon Ausländer
50 989 (1992)
213 263 (2010)

Beherbergungsstätte
523
1 043
(mit mehr als 8 Gästebetten, ohne Campingplätze)

Gästebetten
26 135 (1993)
52 434

AUSBILDUNG

Studierende
22 232 (1992/93)
52 924 (2009/10)

davon ausländische
742
4 604

Schüler
an allgemein bildenden
Schulen
371 644 (1991/92)
173 799 (2009/10)

davon ausländische
313
3 386

Klassen
ohne 2. Bildungsweg
19 571 (1991)
9 193 (2009)

Lehrer
25 301 (1992)
15 850 (2009/10)

Allgemein bildende
Schulen
1 792 (1991/92)
942 (2010/11)

INDUSTRIE, UMWELT UND NATUR

Verarbeitendes Gewerbe
sowie Bergbau und
Gewinnung von Steinen
und Erden

Anzahl der Betriebe

1 079 (1991)

1 465 (2010)

Beschäftigte

348 629

126 747

Chemiebetriebe
(Mit mehr als 20 Beschäftigten)

50 (1991)

99 (2010)

Beschäftigte

74 596

11 031

Endenergieverbrauch
(Terajoule)

Insgesamt

503 352 (1990)

293 258 (2009)

davon Industrie

260 661 (1990)

123 554 (2009)

(Gewinnung von Steinen und Erden / sonstiger Bergbau / Verarbeitendes Gewerbe

davon Verkehr

52 275 (1990)

57 069 (2009)

Anzahl PKW

822 459 (1990)

1 185 187 (2009)

Anzahl LKW

45 873 (1990)

86 210 (2009)

Bundesautobahnen

199 km (1995)

550 km (2010)

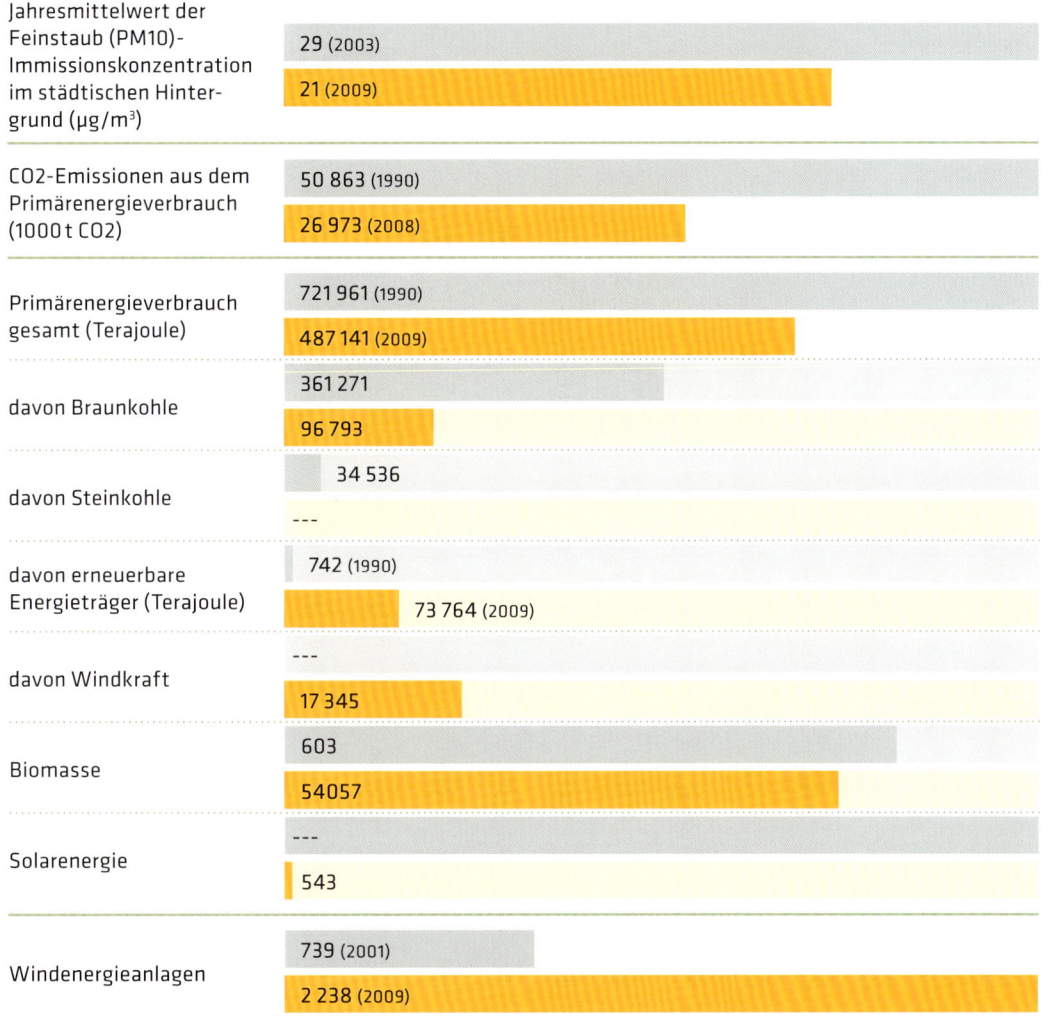

Jahresmittelwert der Feinstaub (PM10)-Immissionskonzentration im städtischen Hintergrund (µg/m³)
29 (2003)
21 (2009)

CO2-Emissionen aus dem Primärenergieverbrauch (1000 t CO2)
50 863 (1990)
26 973 (2008)

Primärenergieverbrauch gesamt (Terajoule)
721 961 (1990)
487 141 (2009)

davon Braunkohle
361 271
96 793

davon Steinkohle
34 536
---

davon erneuerbare Energieträger (Terajoule)
742 (1990)
73 764 (2009)

davon Windkraft
---
17 345

Biomasse
603
54057

Solarenergie

543

Windenergieanlagen
739 (2001)
2 238 (2009)

Erneuerbare Energien: Sachsen-Anhalt ist das Land der Erneuerbaren Energien. Unter den im Land eingesetzten Energieträgern haben die Erneuerbaren Energien einen Anteil von 17,6 %. Mit ca. 85,4 % stammt der Großteil des regenerativ erzeugten Stroms aus Windkraft. 8,5 % werden aus Biomasse, 2 % aus Biogas, 2,4 % aus Laufwasserkraftwerken und 0,2 % aus Photovoltaikanlagen erzeugt. Deponiegas und Klärgas liefern einen Anteil von 1,3 %. Auf dem Gebiet der Herstellung biogener Treibstoffe hat Sachsen-Anhalt in Deutschland eine führende Position eingenommen: 70 % der deutschen Biomethanolproduktionskapazität und 50 % der deutschen Biodieselproduktionskapazität befinden sich in Sachsen-Anhalt.

| EINST | 100 % |
| JETZT | 100 % |

INDUSTRIE, UMWELT UND NATUR

Naturschutzgebiete
133 / 30 725 ha (1990)
196 / 64 196 ha (2010)

Nationalpark
1 / 5 868 ha
1 / 8 927 ha

Landschaftsschutzgebiete
43 / 552 260 ha
82 / 680 499 ha

Anteil der bundeseinheitlich streng geschützten Gebiete des Naturschutzes an der Landesfläche
1,6 % (1991), 3,5 % (2009)

Ökologischer Landbau
31 Betriebe / 3 700 ha (1992)
343 Betriebe / 51 148 ha (2010)

Anteil der Flächen mit ökologischer Landwirtschaft an der landwirtschaftlich genutzten Fläche
0,36 % (1992), 4,4 % (2010)

Wasserzustand (O2) am Beispiel der Elbe
3,8 mg/l (1989), 10,6 mg/l (2010)

MUSEEN & DENKMÄLER

Museen
131 (1991)
229 (2008)

Zu den besonderen Schätzen des Landes Sachsen-Anhalt gehören die zahlreichen historischen Stadtanlagen und Baudenkmale (29 000 eingetragene Baudenkmale und 2 600 Denkmalbereiche). Mit Hilfe des 1991 auf-gelegten Förderprogramms für den städtebaulichen Denkmalschutz konnte unter finanzieller Mitwirkung des Bundes wertvolle Substanz gerettet und bewahrt werden. In den vergangenen zwei Jahrzehnten wurden für den städtebaulichen Denkmalschutz rund 640 Mio Euro bereitgestellt. Gegenwärtig nehmen 35 Städte an dem Bund-Länder-Programm „Städtebaulicher Denkmalschutz" teil.
(Quelle: Städtebau in Sachsen-Anhalt – Dokumentation 1990–2010, Ministerium für Landesentwicklung und Verkehr Sachsen-Anhalt)

Quellen:
Statistisches Landesamt Sachsen-Anhalt, Halle (Saale), 2011
Sachsen-Anhalt auf gutem Weg, Bilanz der Landesregierung 2006–2011
LHW Magdeburg
Pressestellen der jeweiligen Ministerien

S.14 Stadt Arneburg; S.15 Zellstoff Stendal GmbH; S.16 Ascherslebener Gebäude- und Wohnungsgesellschaft mbH; S.17 groß Ascherslebener Gebäude- und Wohnungsgesellschaft mbH, klein Ursula Achternkamp; S.18 Erik-Jan Ouwerkerk; S.19 groß Stadt Aschersleben, klein Amanda Hasenfusz; S.20 / 21 Stadtmuseum Ballenstedt; S.22 Stephan Deike; S.23 Kommende Bergen; S.24 Solvay Chemicals GmbH, Bernburg; S.25 Werbeagentur Studio G, Michael Wittrisch; S.26 Stadtarchiv Bernburg; S.27 R. Jeske; S.28 Biosphärenreservat Mittelelbe, Regner; S.29 Biosphärenreservat Mittelelbe, Mirko Pannach; S.30 Stadtarchiv Bitterfeld; S.31 Stadt Bitterfeld; S.32 Industrie- und Filmmuseum Wolfen; S.33 Stadt Bitterfeld-Wolfen; S.34 / 35 P-D ChemiePark Bitterfeld Wolfen GmbH; S.36 / 37 Stiftung St. Georgenhof; S.38 / 39 Heinz Jericho; S.40 / 41 Burger Knäcke GmbH + Co. KG; S.42 / 43 Gefechtsübungszentrum Heer; S.44 / 45 Romanik-Hotel Wasserschloss Westerburg; S.46 Bernd Helbig, Stadtarchiv Dessau-Roßlau; S.47 Sven Hertel, Stadtarchiv Dessau-Roßlau; S.48 Bernd Helbig, Anhaltische Gemäldegalerie Dessau/Stiftung Bauhaus Dessau; S.49 Jürgen Hohmuth, Stiftung Bauhaus Dessau; S.50 / 51 Stadt Dessau-Roßlau; S.52 Uwe Quilitzsch; S.53 Kulturstiftung Dessau-Wörlitz, Bildarchiv, Heinz Fräßdorf; S.54 / 55 / 56 / 57 / 62 / 63 / 70 / 95 / 113 / 114 Stiftung Dome und Schlösser in Sachsen-Anhalt; S.58 / 59 Rotkäppchen-Mumm Sektkellereien GmbH; S.60 / 61 Verbandsgemeinde Unstruttal; S.64 SALEG Sachsen-Anhaltinische Landesentwicklungsgesellschaft mbH; S.65 Reiner Schulz; S.66 Alt Archiv-IFV „Geiseltalsee" e. V.; S.67 Christian Bedeschinski für LMBV; S.68 / 69 Planungsring GmbH, Mario Kowalsky; S.71 N. Perner; S.72 / 73 Ferropolis; S.74 / 75 Stadtverwaltung Halberstadt; S.76 / 77 studiodreyer; S.78 Moses Mendelssohn Akademie; S.79 Moses Mendelssohn Akademie, Ulrich Schrader; S.80 / 81 KULTUR-Landschaft Haldensleben-Hundisburg e. V.; S.82 / 83 IFA Rotorion-Holding GmbH; S.84 / 85 Stadtplanungsamt Halle; S.86 Franckesche Stiftungen, Constantin Beyer; S.87 Franckesche Stiftungen, Reinhard Hentze; S.88 / 89 ikon Ausstellungsgestaltung Hannover; S.90 / 91 groß Gudrun Henslin; S.91 klein Maike Glöckner MLU; S.92 Prof. Tae Young Ha; S.93 Pressestelle der Martin-Luther-Universität Halle-Wittenberg; S.94 L. Kemming; S.96 / 97 BIG Städtebau Regionalbüro Perleberg; S.98 / 99 Hornickel; S.100/101 Lutz Pallas, Stadt Jessen (Elster); S.102/103 Stadtarchiv Kalbe; S.104 Archiv KWS SAAT AG; S.105 Nordzucker AG; S.106 Günter Klopfleisch; S.107 Jörg Ullmann; S.108 / 109 Homöopathische Bibliotheken des DZVHÄ; S.110 / 111 Archiv des LRA Kyffhäuserkreis; S.112 Verlag Janos Stekovics; S.115 N.Perner MD; S.116 Landeshauptarchiv Sachsen-Anhalt Abt. Merseburg I 525 FS Nr. FN 198; S.117 InfraLeuna GmbH, Horst Fechner; S.118 / 119 Stadtverwaltung Lutherstadt Eisleben, S.120 / 121 Stiftung Luthergedenkstätten in Sachsen-Anhalt; S.122 / 123 Lutherstadt Wittenberg; S.124 / 125 SKW Piesteritz; S.126 / 127 Piesteritzer Servicegesellschaft mbH; S.128 Museum Lützen; S.129 Matthias Wolter, Museum Lützen; S.130 Stadtarchiv Magdeburg; S.131 groß Siedlungswerk St. Gertrud Wohn-und Immobilienservice GmbH, klein Stadtplanungsamt Magdeburg, Michael Kranz; S.132 / 133 Audiovisuelles Medienzentrum, Uni Magdeburg; S.134 / 135 regiocom; S.136 Stadtplanungsamt Magdeburg; S.137 Stadtplanungsamt Magdeburg, Michael Kranz; S.138 Flugdienst Magdeburg; S.139 klein nwa magdeburg, groß Stadtplanungsamt Magdeburg, Michael Kranz; S.140 KGE Kommunalgrund GmbH Regionalbüro; S.141 klein Pressestelle LHMD, groß KGE Kommunalgrund GmbH Regionalbüro S/A; S.142 Stadtplanungsamt Magdeburg; S.143 oben Stadtplanungsamt Magdeburg, Michael Kranz, unten Stadtplanungsamt Magdeburg; S.144 / 145 Gedenkstätte Deutsche Teilung Marienborn; S.146 / 147 Hochschule Merseburg; S.148 Stadt Merseburg; S.149 Stadt Merseburg, Wolfgang Kubak; S.150 Bundesgrenzschutz, Archiv Nationalpark Harz; S.151 Nationalpark Harz, Jürgen-Steimecke; S.152 OLG, Albrecht Hennig; S.153 OLG Waltraud Eilers; S.154 / 155 Stadtmuseum Naumburg; S.156 / 157 Archiv der Forschungsstätte für Frühromantik Oberwiederstedt; S.158/ 159 Motorsport Arena; S.160 Urbisch Architekten; S.161 BIG-Städtebau GmbH, Uwe Rogal; S.162 /163 Urbisch Architekten; S.164 / 166 Stadt Quedlinburg; S.165 /167 Rosi Radecke; S.168 Klaus G. Beyer; S.169 Museum Burg Querfurt, Heiko Einecke; S.170 / 171 Bildarchiv Biosphärenreservatsverwaltung; S.172 /173 Erste Salzwedeler Baumkuchenfabrik; S.174 Hartmut Rompel; S.175 Stadt Salzwedel, Ines Kahrens; S.176 Spengler-Musuem; S.177 SWG Sangerhausen; S.178 / 179 Dow Olefinverbund GmbH; S.180 / 181 Ringhotel Schloss Schkopau; S.182 /183 Bismarckstiftung; S.184 Heinz Berg; S.185 Berufsförderungswerk Sachsen-Anhalt; S.186 / 187 Stadt Staßfurt; S.188 Hansestadt Stendal, Stadtarchiv; S.189 Hansestadt Stendal, Pressestelle; S.190 / 191 Matthias Wagner, Deutsche Stiftung Denkmalschutz; S.192 / 193 Städtisches Museum Tangermünde; S.194 Alt Harry Fischer/Westerhausen; S.195 Jürgen Meusel/Ballenstedt; S.197 Foto Q-Cells; S.198 / 199 Reinhard Falke; S.200 / 201 Deges; S.202 / 203 Stadt Weißenfels; S.204 / 205 Ralf-Peter Spangenberg; S.206 / 207 Archiv der Hochschule Harz; S.208 Museum Wolmirstedt; S.209 Anette Pilz, Museum Wolmirstedt; S.210 / 211 Stadtarchiv Zeitz, Fotosammlung; S.212 / 213 Dirk Herrmann; S.214 Biq Standortentwicklung und Immobilienservice GmbH Wohnungswirtschaft, Michael Schröder; S.215 Tina Merkau

SCHWEDT

EBERSWALDE

BAD FREIENWALDE

STRAUSBERG

BERLIN

ODER
BRUCH

RÜDERSDORF

POTSDAM

ODER

FÜRSTENWALDE

BRANDEN
BURG

FRANKFURT (ODER)
SŁUBICE

BEESKOW

EISENHÜTTENSTADT

SACHSEN
ANHALT

COTTBUS

ODER

SACHSEN

GÖRLITZ

NEISSE

EDITION
SACHSEN-ANHALT

EDITION
BRANDENBURG

EDITION
SACHSEN

In der Buchreihe EINST UND JETZT
erscheinen:

EINST UND JETZT
BAD FREIENWALDE

EINST UND JETZT
BEESKOW

EINST UND JETZT
COTTBUS

EINST UND JETZT
EBERSWALDE

EINST UND JETZT
EISENHÜTTENSTADT

EINST UND JETZT
FRANKFURT (ODER) / SŁUBICE

EINST UND JETZT
FÜRSTENWALDE

EINST UND JETZT
GÖRLITZ

EINST UND JETZT
KIRCHEN IM ODERBRUCH

EINST UND JETZT
LAND BRANDENBURG

EINST UND JETZT
MEDIENSTADT BABELSBERG

EINST UND JETZT
RÜDERSDORF

EINST UND JETZT
SACHSEN-ANHALT

EINST UND JETZT
SCHWEDT

EINST UND JETZT
STRAUSBERG

EINST UND JETZT
UNIVERSITÄT POTSDAM